ÉTUDES PHILOSOPHIQUES,

PAR

M. DE BALZAC.

TOME XII.

LA MESSE DE L'ATHÉE (INÉDIT).

[illegible]

FACINO CANE (INÉDIT).

[illegible]

PARIS.

DELLOYE ET LECOU,

[illegible]

[illegible]

RUE DES FILLES-SAINT-THOMAS, 5.

183[illegible]

ŒUVRES

DE

M. DE BALZAC.

ÉTUDES

PHILOSOPHIQUES.

TOME XII.

IMPRIMERIE DE BÉTHUNE ET PLON,
36, Rue de Vaugirard.

ÉTUDES
PHILOSOPHIQUES,

PAR

M. DE BALZAC.

TOME XII.

LA MESSE DE L'ATHÉE (INÉDIT).

LES DEUX RÊVES.

FACINO CANE (INÉDIT).

Les Martyrs ignorés.

PARIS.

DELLOYE ET LECOU,

Éditeurs des Œuvres complètes de Casimir Delavigne, Alfred de Vigny, Ancelot, Bibliophile Jacob, des Mémoires de M. de Chateaubriand, etc.

Rue des Filles-Saint-Thomas, 5.

1837.

CECI

est dédié

à

Auguste Borget

Par son ami

De Balzac

LA

MESSE DE L'ATHÉE.

Un médecin à qui la science doit une belle théorie physiologique, et qui, jeune encore, s'est placé parmi les célébrités de l'Ecole de Paris, centre de lumières auquel les médecins de l'Europe rendent tous hommage, le docteur Bianchon, a long-temps pratiqué la chirurgie avant de se livrer à la médecine. Ses premières études furent dirigées par un des plus grands chirurgiens français, par l'illustre Desplein, qui passa comme un météore dans la science. De l'aveu de ses ennemis, il enterra dans la tombe une méthode intransmissible. Comme tous les gens de génie, il était sans héritiers, il portait et emportait tout avec lui. La gloire des chirurgiens ressemble à celle des acteurs, qui n'existent que de leur vivant, et dont le talent n'est plus appréciable dès qu'ils ont disparu; ils sont les héros du moment. Desplein offre la preuve de cette similitude entre la destinée de ces génies transitoires. Son nom, si célèbre hier, aujourd'hui presque oublié, restera dans sa spécialité sans en franchir les bornes. Mais ne faut-il pas des circonstances inouïes pour que le nom d'un savant passe de la science dans l'histoire générale de l'humanité? Desplein avait-il cette universalité de connaissances qui fait d'un homme *le verbe* d'un siècle? Desplein possédait un divin coup d'œil ; il pénétrait le malade et sa maladie par une intuition acquise ou naturelle qui lui permettait d'embrasser les diagnostics particuliers à l'individu, de déterminer le moment précis, l'heure, la minute à laquelle il fallait opérer, en faisant la part aux circonstances atmosphériques et aux particularités du tempérament. Pour marcher ainsi de conserve avec la nature, avait-il donc étudié l'incessante jonction des êtres et des substances alimentaires contenues dans l'atmosphère ou que fournit la terre à l'homme qui les absorbe et les prépare pour en tirer une expression particulière? procédait-il par cette puissance de déduction et d'analogie à laquelle est dû le génie de Cuvier? Quoi qu'il en soit, cet homme s'était fait le confident de la chair, il la saisissait dans le passé comme dans l'avenir, en s'appuyant sur le présent. Mais a-t-il résumé toute la science en sa personne comme Hippocrate, Galien, Aristote? A-t-il conduit toute une école vers des mondes nouveaux? Non. S'il est impossible de refuser à ce perpétuel observateur de la chimie humaine l'antique science du Magisme, c'est-à-dire la connaissance des principes en fusion, les causes de la vie, la vie avant la vie, ce qu'elle sera par ses préparations avant d'être; malheureusement tout en lui fut personnel; il fut isolé dans sa vie par l'égoïsme, l'égoïsme suicide aujourd'hui sa gloire. Sa tombe n'est pas surmontée de la statue sonore qui redit à l'avenir les mystères que le Génie a cherché à ses dépens. Mais peut-être le talent de Desplein était-il solidaire de ses croyances, et conséquemment mortel. Pour lui, l'atmosphère terrestre était un sac générateur; il voyait la terre comme un œuf dans sa coque; et ne pouvant savoir qui de l'œuf, qui de la poule, avait commencé, il n'admettait ni le coq, ni le poulet; il ne croyait ni en l'homme antérieur, ni en l'esprit postérieur. Desplein n'était pas dans le doute, il affirmait; son athéisme pur et franc ressemblait à celui de beaucoup de savans, les meilleures gens du monde, mais invinciblement athées, athées comme les gens religieux n'admettent pas qu'il puisse y avoir d'athées. Et cela ne devait pas être autrement pour un homme habitué depuis son jeune âge à disséquer l'être par excellence, avant, pendant et après la vie, à le fouiller dans tous ses appareils sans y trouver cette ame unique, si nécessaire aux théories religieuses. En y reconnaissant un centre cérébral, un centre nerveux et un centre aéro-sanguin, dont les deux premiers se suppléent si bien l'un l'autre, qu'il eut dans les derniers jours de sa vie la conviction que le sens de l'ouïe n'était pas absolument nécessaire pour entendre, ni le sens de la vue absolument nécessaire pour voir, et que le plexus solaire les remplaçait, sans que l'on en pût douter; Desplein, en trouvant deux ames dans l'homme, corrobora son athéisme de ce fait, quoiqu'il ne préjuge encore rien sur Dieu. Cet homme mourut, dit-on, dans l'impénitence finale où meurent malheureusement beaucoup de beaux génies, à qui Dieu puisse pardonner!

La vie de cet homme si grand offrait beaucoup de petitesses, pour employer l'expression dont se servaient ses ennemis, jaloux de diminuer sa gloire; mais qu'il serait plus convenable de nommer des contre-sens apparens. N'ayant jamais connaissance des détermina-tions par lesquels agissent les esprits supérieurs, les envieux ou les niais s'arment aussitôt de quelques contradictions superficielles pour dresser un acte d'accusation sous lequel ils les font momentanément juger. Si, plus tard, le succès couronne les combinaisons attaquées, en montrant la corrélation des préparatifs et des résultats, il subsiste toujours un peu des calomnies d'avant-garde. Ainsi, de nos jours, Napoléon fut condamné par ses contemporains, lorsqu'il déployait les ailes de son aigle sur l'Angleterre, en construisant ses bateaux plats à Boulogne : il fallut 1813 pour expliquer 1804.

Chez Desplein, la gloire et la science étant inattaquables, ses ennemis s'en prenaient à son humeur bizarre, à son caractère ; tandis qu'il possédait tout bonnement cette qualité que les Anglais nomment *excentricity*. Tantôt il allait superbement vêtu comme Crébillon le tragique, tantôt il affectait une singulière indifférence en fait de vêtement ; on le voyait tantôt en voiture, tantôt à pied. Tour à tour brusque et bon, en apparence âpre et avare, mais capable d'offrir sa fortune à ses maîtres exilés qui l'acceptèrent pendant quelques jours, aucun homme n'a inspiré plus de jugemens contradictoires. Quoique capable, pour avoir un cordon noir que les médecins n'auraient pas dû briguer, de laisser tomber à la cour un livre d'heures de sa poche, croyez qu'il se moquait en lui-même de tout, qu'il avait un profond mépris pour les hommes, après les avoir observés d'en haut et d'en bas, après les avoir surpris dans leur véritable expression, au milieu des actes de l'existence les plus solennels et les plus mesquins. Chez un grand homme, les qualités sont souvent solidaires; si l'un a plus de talent que d'esprit, son esprit est encore plus étendu que celui de qui l'on dit simplement : il a de l'esprit. Tout génie suppose une vue morale; cette vue peut s'appliquer à quelque spécialité, mais qui voit la fleur doit voir le soleil. Celui qui entendit un diplomate, sauvé par lui, demander : « Comment va l'empereur? » et qui répondit : « Le courtisan revient, l'homme suivra! » celui-là n'est pas seulement chirurgien ou médecin. Ainsi, l'observateur patient et assidu de l'humanité légitimera les prétentions exorbitantes de Desplein, et le croira, comme il le croyait lui-même, propre à faire un ministre tout aussi grand qu'était le chirurgien.

Parmi les énigmes que présente aux yeux de plusieurs contemporains la vie de Desplein, nous avons choisi l'une des plus intéressantes, parce que le mot s'en trouvera dans la conclusion du récit, et le vengera de quelques sottes accusations.

Parmi tous les élèves que Desplein eut à son hôpital, Horace Bianchon fut un de ceux auxquels il s'attacha le plus vivement. Avant d'être interne à l'Hôtel-Dieu, Horace Bianchon était un étudiant en médecine, logé dans une misérable pension du quartier latin, connue sous le nom de la Maison-Vauquer. Ce pauvre jeune homme y sentait les atteintes de cette ardente misère, espèce de creuset d'où les grands talens doivent sortir purs et incorruptibles comme des diamans qui peuvent être soumis à tous les chocs sans se briser. Au feu violent de leurs passions déchaînées, ils acquièrent la probité la plus inaltérable, et contractent l'habitude des luttes qui attendent le génie, par le travail constant dans lequel ils ont cerclé leurs appétits trompés. Horace était un jeune homme droit, incapable de tergiverser dans les questions d'honneur, allant sans phrase au fait, prêt pour ses amis à mettre en gage son manteau, comme à leur donner son temps et ses veilles; c'était enfin un de ces amis qui ne s'inquiètent pas de ce qu'ils reçoivent en échange de ce qu'ils donnent, certains de recevoir à leur tour plus qu'ils ne donneront. La plupart de ses amis avaient pour lui ce respect intérieur qu'inspire une vertu sans emphase, et plusieurs d'entre eux redoutaient sa censure. Mais ces qualités, il les déployait sans pédantisme; il n'était ni puritain, ni sermoneur, il jurait de bonne grâce en donnant un conseil, il faisait volontiers un *tronçon de chière lie* quand l'occasion s'en présentait; il était bon compagnon, pas plus prude que ne l'est un cuirassier, rond et franc, non pas comme un marin, car le marin d'aujourd'hui est un rusé diplomate, mais comme un brave jeune homme qui, n'ayant rien à déguiser dans sa vie, marche la tête haute et la pensée rieuse. Enfin, pour tout exprimer par un mot, Horace était le Pylade de plus d'un Oreste, les créanciers étant pris aujourd'hui comme la figure la plus réelle des Furies antiques. Il portait sa misère avec cette gaîté qui peut-être est un des plus grands élémens du courage, et comme tous ceux qui n'ont rien, il contractait peu de dettes; il était sobre comme un chameau, alerte comme un cerf, ferme surtout dans ses idées et dans sa conduite. La vie heureuse de Bianchon commença du jour où l'illustre chirurgien acquit la preuve des qualités et des défauts qui, les uns aussi bien que les autres, rendent doublement précieux le docteur Horace Bianchon.

Quand un chef de clinique prend dans son giron un jeune homme, ce jeune homme a le pied dans l'étrier. Desplein ne manquait pas d'emmener Bianchon pour se faire assister par lui dans les maisons opulentes où presque toujours quelque gratification tombait dans l'escarcelle de l'interne, et où se révélaient insensiblement au provincial les mystères de la vie parisienne. Desplein le gardait dans son cabinet lors de ses consultations, et l'y employait; parfois, il l'envoyait accompagner un riche malade aux Eaux; enfin il lui préparait une clientèle.

Il résulte de ceci qu'au bout d'un certain temps, le tyran de la chirurgie eut un Séide. Ces deux hommes, l'un au faîte des honneurs et de son art, jouissant d'une immense fortune et d'une immense gloire; l'autre, modeste Oméga, n'ayant ni fortune ni gloire, devinrent intimes. Le grand Desplein disait tout à son interne, l'interne savait si telle femme s'était assise sur une chaise auprès du maître, ou sur le fameux canapé qui se trouvait dans le cabinet de Desplein, et sur lequel il dormait; Bianchon connaissait les mystères de ce tempérament de lion et de taureau, qui finit par élargir, amplifier outre mesure le buste du grand homme, et causa sa mort par le développement du cœur. Il étudia les bizarreries de cette vie si occupée, les projets de cette avarice si sordide, les espérances de l'homme politique caché dans le savant; il put prévoir les déceptions qui attendaient le seul sentiment enfoui dans ce cœur moins de bronze que bronzé.

Un jour, Bianchon ayant dit à Desplein qu'un pauvre porteur d'eau du quartier Saint-Jacques avait une horrible maladie causée par les fatigues et la misère, car ce pauvre Auvergnat n'avait mangé que des pommes de terre dans le grand hiver de 1821, Desplein laissa tous ses malades, et au risque de crever son cheval, vola, suivi de Bianchon, chez le pauvre homme qu'il fit transporter lui-même dans la maison de santé établie par le célèbre Dubois dans le faubourg Saint-Denis. Il alla soigner cet homme, auquel il donna, quand il l'eût rétabli, la somme nécessaire pour acheter un cheval et un tonneau.

Cet Auvergnat se distingua par un trait original. Un de ses amis étant tombé malade, il l'amena promptement chez Desplein, en disant à son bienfaiteur : — « Je n'aurais pas souffert qu'il allât chez un autre. » Tout bourru qu'il était, Desplein serra la main du porteur d'eau, et lui dit : — « Amène-les-moi tous. » Et il fit entrer l'enfant du Cantal à l'Hôtel-Dieu, où il eut de lui le plus grand soin.

Bianchon avait déjà plusieurs fois remarqué chez son chef une prédilection pour les Auvergnats et surtout pour les porteurs d'eau ; mais, comme Desplein mettait une sorte d'orgueil à ses traitemens de l'Hôtel-Dieu, l'élève n'y voyait rien de trop étrange.

Un jour, en traversant la place Saint-Sulpice, Bianchon aperçut son chef qui entrait dans l'église vers neuf heures du matin. Desplein, qui ne faisait jamais alors un pas sans son cabriolet, était à pied et se coulait dans l'église par la porte de la rue du Petit-Lion, comme s'il fût entré dans une maison suspecte. Naturellement pris de curiosité, l'interne qui connaissait les opinions de son maître, et qui était *Cabaniste* en dyable par un y grec (ce qui semble dans Rabelais une supériorité de diablerie), Bianchon se glissa dans Saint-Sulpice, et ne fut pas médiocrement étonné de voir le grand Desplein, cet athée sans pitié pour les anges qui n'offrent point prise aux bistouris, et ne peuvent avoir ni fistules ni gastrites, enfin, cet intrépide *dériseur*, humblement agenouillé, et où?.... à la chapelle de la Vierge devant laquelle il écouta une messe, donna pour les frais du culte, pour les pauvres, en restant sérieux comme s'il se fût agi d'une opération.

— Il ne venait, certes, pas éclaircir des questions relatives à l'accouchement de la Vierge? disait Bianchon de qui l'étonnement fut sans bornes. Si je l'avais vu tenant à la Fête-Dieu un des cordons du dais, il n'y aurait eu qu'à rire; mais à cette heure, seul, sans témoins, il y a, certes, de quoi faire penser !

Bianchon ne voulut pas avoir l'air d'espionner le premier chirurgien de l'Hôtel-Dieu, et s'en alla. Par hasard, Desplein l'invita ce jour-là même à dîner avec lui, hors de chez lui, chez un restaurateur. Entre la poire et le fromage, Bianchon arriva, par d'habiles préparations, à parler de la messe, en la qualifiant de mômerie et de farce.

— Une farce, dit Desplein, qui a coûté plus de sang à la chrétienté que toutes les batailles de Napoléon, et que toutes les sangsues de Broussais. La messe est une invention papale qui ne remonte pas plus haut que le VIe siècle, et que l'on a basée sur *hoc est corpus*. Combien de torrens de sang n'a-t-il pas fallu verser pour établir la Fête-Dieu par l'institution de laquelle la cour de Rome a voulu constater sa victoire dans l'affaire de la Présence Réelle, schisme qui pendant trois siècles a troublé l'Eglise. Les guerres du comte de Toulouse et les Albigeois sont la queue de cette affaire. Les Vaudois et les Albigeois se refusaient à reconnaître cette innovation.

Enfin Desplein prit plaisir à se livrer à toute sa verve d'athée, et ce fut un flux de plaisanteries voltairiennes, ou pour être plus exact, une détestable contre-façon du *Citateur*.

—Ouais, se dit Bianchon en lui-même, où est mon dévot de ce matin.

Il garda le silence, car il douta d'avoir vu son chef à Saint-Sulpice. Desplein n'eût pas pris la peine de mentir à Bianchon, ils se connaissaient trop bien tous deux; ils avaient déjà, sur des points tout aussi graves, échangé des pensées, discuté des systèmes *de naturâ rerum* en les sondant ou les disséquant avec les couteaux et le scalpel de l'incrédulité. Trois mois se passèrent, et Bianchon ne donna point de suite à ce fait, quoiqu'il restât gravé dans sa mémoire. Dans cette année, un jour, l'un des médecins de l'Hôtel-Dieu prit Desplein par le bras devant Bianchon, comme pour l'interroger.

— Qu'alliez-vous donc faire à Saint-Sulpice, mon cher maître? lui dit-il.

— Y voir un prêtre qui a une carie au genou, et que madame la duchesse d'Angoulême m'a fait l'honneur de me recommander, dit Desplein.

Le médecin se paya de cette défaite, mais non Bianchon.

— Ah! il va voir des genoux malades dans l'église! Il allait entendre sa messe, se dit l'interne.

Bianchon se promit de guetter Desplein. Il se rappela le jour et l'heure auxquels il l'avait surpris entrant à Saint-Sulpice, il se promit d'y revenir l'année suivante au même jour et à la même heure, afin de savoir s'il l'y surprendrait encore. En ce cas, la périodicité de sa dévotion autoriserait une investigation scientifique, car il ne devait pas se rencontrer chez un tel homme une contradiction aussi directe entre la pensée et l'action.

L'année suivante, au jour et à l'heure dite, Bianchon, qui n'était plus l'interne de Desplein, vit le cabriolet du chirurgien s'arrêtant au coin de la rue de Tournon et de celle du Petit-Lion, d'où son ami s'en alla jésuitiquement le long des murs à Saint-Sulpice, où il entendit encore sa messe à l'autel de la Vierge. C'était bien Desplein! le chirurgien en chef, l'athée *in petto*. L'intrigue s'embrouillait. La persistance de cet illustre savant compliquait tout. Quand Desplein fut sorti, Bianchon s'approcha du sacristain qui vint desservir la chapelle, et lui demanda si ce monsieur était un habitué.

— Voici vingt ans que je suis ici, dit le sacristain, et depuis ce temps, M. Desplein vient quatre fois par an entendre cette messe, il l'a fondée.

—Une fondation faite par lui ! dit Bianchon en s'éloignant. Ceci vaut le mystère de l'immaculée conception, une chose qui, à elle seule, doit rendre un médecin incrédule.

Il se passa quelque temps sans que le docteur Bianchon, quoique ami de Desplein, fût en position de lui parler de cette particularité de sa vie. S'ils se rencontraient en consultation ou dans le monde, il était difficile de trouver ce moment de confiance et de solitude où l'on demeure les pieds sur les chenets, la tête appuyée sur le dos d'un fauteuil, et pendant lequel deux hommes se disent leurs secrets. Enfin, à six ans de distance, après la révolution de 1830, quand le peuple se ruait sur l'Archevêché, quand les inspirations républicaines le poussaient à détruire les croix dorées qui pointaient comme des éclairs, dans l'immensité de cet océan de maisons; quand l'incrédulité côte à côte avec l'émeute se carrait dans les rues, Bianchon surprit Desplein entrant encore dans Saint-Sulpice. Le docteur l'y suivit, se mit près de lui, sans que son ami lui fit le moindre signe ou témoignât la moindre surprise. Tous deux entendirent la messe de fondation.

— Me direz-vous, mon cher, dit Bianchon à Desplein, quand ils sortirent de l'église, la raison de votre capucinade? Je vous ai déjà surpris trois fois allant à la messe, vous! Vous me ferez raison de ce mystère, et m'expliquerez ce désaccord flagrant entre vos opinions et votre conduite. Vous ne croyez pas en Dieu, et vous allez à la messe! Mon cher maître, vous êtes tenu de répondre.

— Je ressemble à beaucoup de dévots, à des hommes profondément religieux en apparence; mais tout aussi athées que nous pouvons l'être, vous et moi.

Et ce fut un torrent d'épigrammes sur quelques personnages politiques, dont le plus connu nous offre en ce siècle une nouvelle édition du Tartufe de Molière.

— Je ne vous demande pas tout cela, dit Bianchon, je veux savoir la raison de ce que vous venez de faire ici, pourquoi vous avez fondé cette messe.

— Ma foi, mon cher ami, dit Desplein, je suis sur le bord de ma tombe, je puis bien vous parler des commencemens de ma vie.

En ce moment, Bianchon et le grand homme se trouvaient dans la rue des Quatre-Vents, une des plus horribles rues de Paris. Desplein montra le sixième étage d'une de ces maisons qui ressemblent à un obélisque, dont la porte bâtarde donne sur une allée au bout de laquelle est un tortueux escalier éclairé par des jours justement nommés *des jours de souffrance*. C'était une maison verdâtre, au rez-de-chaussée de laquelle habitait un marchand de meubles, et qui paraissait loger à chacun de ses étages une différente misère. En levant le bras par un mouvement plein d'énergie, Desplein dit à Bianchon :

— J'ai demouré là haut deux ans !

— Eh bien !

— La messe que je viens d'entendre est liée à des événemens qui se sont accomplis alors que j'habitais la mansarde à la fenêtre de laquelle vous voyez flotter une corde chargée de linge ; au-dessus d'un pot de fleurs. J'ai eu de si rudes commencemens, mon cher Bianchon, que je puis disputer à qui que ce soit la palme des souffrances parisiennes. J'ai tout supporté, la faim et la soif, manque d'argent, manque d'habits, de chaussure et de linge, tout ce que la misère a de plus dur. J'ai soufflé sur mes doigts engourdis dans cette chambre que je voudrais aller revoir avec vous. J'ai travaillé pendant un hiver en voyant fumer ma tête, et distinguant l'air de ma transpiration comme nous voyons celle des chevaux par un jour de gelée. Je ne sais où l'on prend son point d'appui pour résister à cette vie. J'étais seul, sans secours, sans un sou ni pour acheter des livres ni pour payer les frais de mon éducation médicale; sans un ami, car mon caractère irascible, ombrageux, inquiet, me desservait, personne ne voulait voir dans mes irritations le malaise et le travail d'un homme qui, du fond de l'état social où il est, s'agite pour arriver à la surface. Mais j'avais, je puis vous le dire, à vous devant qui je n'ai pas besoin de me draper, j'avais ce lit de bons sentimens et de sensibilité vive qui sera toujours l'apanage des homme assez forts pour grimper sur un sommet quelconque, après avoir piétiné long-temps dans les broussailles de la misère. Je ne pouvais rien tirer de ma famille, ni de mon pays, au-delà de l'insuffisante pension qu'on me faisait. Enfin, à cette époque, je mangeais le matin un petit pain que le boulanger de la rue du Petit-Lion me vendait moins cher parce qu'il était de la veille ou de l'avant-veille; je l'émiettais dans du lait : mon repas du matin ne me coûtait ainsi que deux sous. Je ne dînais que tous les deux jours dans une pension où le dîner coûtait dix-huit sous. Je ne dépensais ainsi que onze sous par jour. Vous connaissez aussi bien que moi quel soin je pouvais avoir de mes habits et de ma chaussure! Je ne sais pas si plus tard nous éprouvons autant de chagrin par la trahison d'un confrère, que nous en avons éprouvé, vous comme moi, en apercevant la rieuse grimace d'un soulier qui se découd, en entendant craquer l'entournure d'une redingotte. Je ne buvais que de l'eau, j'avais le plus grand respect pour les cafés, et Zoppi m'apparaissait comme une terre promise où les Lucullus du pays latin avaient seuls droit de présence. — Pourrais-je jamais, me disais-je parfois, y prendre une tasse de café à la crême, y jouer une partie de dominos? Enfin, je reportais dans mes travaux la rage qui m'inspirait la misère; je tâchais d'accaparer des connaissances positives afin d'avoir une immense valeur personnelle, pour mériter la place à laquelle j'ariverais le jour où je serais sorti de mon néant. Je consommais plus d'huile que de pain, car la lumière qui m'éclairait pendant ces nuits obstinées me coûtait plus cher que ma nourriture. Ce duel a été long, opiniâtre, sans consolation. Je ne réveillais aucune sympathie autour de moi. Pour avoir des amis, ne faut-il pas se lier avec des jeunes gens, posséder quelques sous, afin d'aller gobeloter avec eux, se rendre ensemble partout où vont des étudians. Je n'avais rien! Et personne à Paris ne se figure que *rien* est *rien*. Quand il s'agissait de découvrir mes misères, j'éprouvais au gosier cette contraction nerveuse qui fait croire à nos malades qu'il leur remonte une boule de l'œsophage dans le larynx.

J'ai plus tard rencontré de ces gens, nés riches, qui n'ayant jamais manqué de rien, ne connaissent pas le problème de cette règle de trois : *Un jeune homme* EST *au crime, comme une pièce de cent sous* EST *à* x. Ces imbécilles dorés me disent : — Pourquoi donc faisiez-vous des dettes, pourquoi donc contractiez-vous des obligations onéreuses ? Ils me font l'effet de cette princesse qui, sachant que le peuple crevait de faim, disait : — Pourquoi n'achète-t-il pas de la brioche ? Je voudrais bien voir l'un de ces riches, qui se plaint que je lui prends trop cher quand il faut l'opérer, seul dans Paris, sans sou ni maille, sans un ami, sans crédit, et forcé de travailler de ses cinq doigts pour vivre ? Que ferait-il ? où irait-il apaiser sa faim ? Bianchon, si vous m'avez vu quelquefois amer et dur, je superposais alors mes premières douleurs sur l'insensibilité, sur l'égoïsme dont j'ai eu des milliers de preuves dans les hautes sphères; ou bien je pensais aux obstacles que la haine, l'envie, la jalousie, la calomnie ont élevé entre le succès et moi. A Paris, quand certaines gens vous voient prêts à mettre le pied à l'étrier, les uns vous tirent tous par le pan de votre habit, les autres lâchent la boucle de la sous-ventrière pour que vous vous cassiez la tête en tombant; celui-ci vous déferre le cheval, celui-là vous vole le fouet; le moins traître est celui qui vient vous tirer un coup de pistolet à bout portant. Vous avez assez de talent, mon cher enfant, pour connaître bientôt la bataille horrible, incessante que la médiocrité livre à l'homme supérieur. Si vous perdez vingt-cinq louis un soir, le lendemain vous serez accusé d'être un joueur, et vos meilleurs amis diront que vous avez perdu la veille vingt-cinq mille francs. Ayez mal à la tête, vous passerez pour fou. Ayez une vivacité, vous serez insociable. Si pour résister à ce bataillon de pygmées, vous rassemblez en vous des forces supérieures, vos meilleurs amis s'écrieront que vous voulez tout dévorer, que vous avez la prétention de dominer, de tyranniser. Enfin vos qualités deviendront des défauts, vos défauts deviendront des vices, et vos vertus seront des crimes. Si vous avez sauvé quelqu'un, vous l'aurez tué; si votre malade reparaît, il sera constant que vous aurez assuré le présent aux dépens de l'avenir; s'il n'est pas mort, il mourra. Bronchez, vous serez tombé! Inventez quoi que ce soit, réclamez vos droits, vous serez un homme difficultueux, un homme fini qui ne veut pas laisser arriver les jeunes gens.

Ainsi, mon cher, si je ne crois pas en Dieu, je crois encore moins à l'homme. Ne connaissez-vous pas en moi un Desplein entièrement différent du Desplein de qui chacun médit? Mais ne fouillons pas dans ces tas de boue.

Donc, j'habitais cette maison, j'étais à travailler pour pouvoir passer mon premier examen, et je n'avais pas un liard. Vous savez ! j'étais arrivé à l'une de ces dernières extrémités où l'on se dit : *Je m'engagerai !* J'avais un espoir. J'attendais de mon pays une malle pleine de linge, un présent de vieille tante, qui ne connaissant rien de Paris, pense à vos chemises, en s'imaginant qu'avec trente francs par mois son neveu mange des ortolans. La malle arriva pendant que j'étais à l'école ; elle avait coûté quarante francs de port ; le portier, un cordonnier allemand logé dans une soupente les avait payés, et gardait la malle. Je me suis promené dans la rue des Fossés-Saint-Germain-des-Prés et dans la rue de l'Ecole de Médecine, sans pouvoir inventer un stratagème qui me livrât la malle, sans être obligé de donner les quarante francs que j'aurais naturellement payés après avoir vendu le linge. Ma stupidité me fit deviner que je n'avais pas d'autre vocation que la chirurgie. Mon cher, les ames délicates, dont la force s'exerce dans une sphère élevée, manquent de cet esprit d'intrigue, fertile en ressources, en combinaisons; leur génie, à elles, c'est le hasard, elles ne cherchent pas, elles rencontrent. Enfin, je revins à la nuit, au moment où rentrait mon voisin, un porteur d'eau nommé Bourgeat, un homme de Saint-Flour. Nous nous connaissions comme se connaissent deux locataires qui ont chacun leur chambre sur le même carré, qui s'entendent dormir, tousser, s'habiller, et qui finissent par s'habituer l'un à l'autre. Mon voisin m'apprit que le propriétaire auquel je devais trois termes, m'avait mis à la porte, et qu'il me faudrait déguerpir le lendemain. Lui-même était chassé à cause de sa profession. Je passai la nuit la plus douloureuse de ma vie. — Où prendre un commissionnaire pour emporter mon pauvre ménage, mes livres? comment payer le commissionnaire et le portier? où aller? C'étaient des questions insolubles, répétées dans les larmes, comme les fous redisent leurs refrains. Je dormis. La misère a pour elle un divin sommeil plein de beaux rêves.

Le lendemain matin, au moment

où je mangeais mon écuellée de pain émietté dans mon lait, Bourgeat entre et me dit en mauvais français : « Monsieur l'étudiant, je suis un pauvre homme, enfant-trouvé de l'hôpital de Saint-Flour, sans père ni mère, et qui ne suis pas encore assez riche pour me marier. Vous n'êtes pas non plus fertile en parens, ni doué de ce qui se compte; écoutez. J'ai en bas une charrette à bras que j'ai louée à deux sous l'heure, toutes nos affaires peuvent y tenir; si vous voulez, nous chercherons à nous loger de compagnie, puisque nous sommes chassés d'ici. Ce n'est pas, après tout, le paradis terrestre.

— Je le sais bien, lui dis-je, mon brave Bourgeat. Mais je suis bien embarrassé, j'ai en bas une malle qui contient pour cent écus de linge, avec lequel je pourrais payer le propriétaire et ce que je dois au portier, et je n'ai pas cent sous.

— Bah ! j'ai quelques monnerons, me répondit joyeusement Bourgeat en me montrant une vieille bourse en cuir crasseux, gardez votre linge.

En effet, il paya mes trois termes, le sien, solda le portier puis, il mit nos meubles et mon linge dans sa charrette qu'il traîna par les rues, en s'arrêtant devant chaque maison où pendait un écriteau. Moi, je montais pour aller voir si le local à louer pouvait nous convenir. A midi, nous errions encore dans le quartier latin sans y avoir rien trouvé, le prix était un grand obstacle. Bourgeat me proposa de déjeûner chez un marchand de vin, à la porte duquel nous laissâmes la charrette. Enfin, vers le soir, je découvris dans la cour de Rohan, passage du Commerce, en haut d'une maison, sous les toits, deux chambres séparées par l'escalier. Nous eûmes chacun pour soixante francs de loyer par an. Nous y voilà casés, moi et mon humble ami. Nous dînâmes ensemble. Bourgeat gagnait environ cinquante sous par jour; il possédait environ cent écus; il allait bientôt pouvoir réaliser son ambition en achetant un tonneau et un cheval. En apprenant ma situation, dont il me tira les secrets avec une profondeur matoise et une bonhomie dont le souvenir me remue encore aujourd'hui le cœur, il renonça pour quelque temps à l'ambition de toute sa vie; Bourgeat était marchand à la voie depuis vingt-deux ans, il sacrifia ses cent écus à mon avenir.

Ici Desplein serra violemment le bras de Bianchon.

— Il me donna l'argent nécessaire à mes examens! Cet homme, mon ami, comprit que j'avais une mission, que les besoins de mon intelligence passaient avant les siens; il s'occupa de moi en m'appelant *son petit*; il me prêta ce qu'il fallait pour que je m'achetasse des livres; il venait quelque fois tout doucement me voir travaillant; enfin il prit des précautions maternelles pour que je substituasse à la nourriture insuffisante et mauvaise à laquelle j'étais condamné, une nourriture saine et abondante. Bourgeat, homme d'environ quarante ans, avait une figure bourgeoise du moyen-âge, un front bombé, une tête qu'un peintre aurait pu faire poser comme modèle pour un Lycurgue. Le pauvre homme se sentait le cœur gros d'affections à placer, il n'avait jamais été aimé que par un caniche mort depuis peu de temps, et dont il me parlait toujours en me demandant si je croyais que l'Église consentirait à dire des messes pour le repos de son ame. Son chien était, disait-il, un vrai chrétien, qui, durant douze années, l'avait accompagné à l'église, sans avoir jamais aboyé, écoutant les orgues sans ouvrir la gueule, et restant accroupi près de lui d'un air qui lui faisait croire qu'il priait avec lui. Cet homme reporta sur moi toutes ses affections; il m'accepta comme un être seul et souffrant; il devint pour moi la mère la plus attentive, le bienfaiteur le plus délicat, enfin l'idéal de cette vertu qui se complaît dans son œuvre. Quand je le rencontrais dans la rue, il me jetait un regard d'intelligence plein d'une inconcevable noblesse; il affectait de marcher comme s'il ne portait rien, il paraissait heureux de me voir en bonne santé, bien vêtu. Ce fut enfin le dévoûment du peuple, l'amour de la grisette reporté dans une sphère plus haute. Bourgeat faisait mes commissions, il m'éveillait la nuit aux heures dites, il nettoyait ma lampe, frottait notre pallier; aussi bon domestique qu'il était bon père, et propre comme une fille anglaise. Il faisait le ménage; comme Philopémen, il sciait notre bois; il communiquait à toutes ses actions la simplicité du faire, en y gardant sa dignité, car il semblait comprendre que le but ennoblissait tout.

Quand je le quittai pour entrer à l'Hôtel-Dieu comme interne, il éprouva je ne sais quelle douleur morne en songeant qu'il ne pourrait plus vivre avec moi. Mais il se consola par la perspective d'amasser l'argent nécessaire aux dépenses de ma thèse, et il me fit promettre de le venir voir les jours de sortie. Il était fier de moi, il m'aimait pour moi et pour lui. Si vous recherchiez ma thèse, vous verriez qu'elle lui a été dédiée. Dans la dernière année de mon internat, j'avais gagné assez d'argent pour lui rendre tout ce que je lui devais, en lui achetant un cheval et un tonneau. Il fut outré de colère de savoir que je me privais de mon argent, et néanmoins il était enchanté de voir ses souhaits réalisés. Il riait et me grondait, il regardait son tonneau, son cheval, et s'essuyait une larme en me disant : C'est mal ! Ah ! le beau tonneau. Vous avez eu tort, le cheval est fort comme un Auvergnat. — Je n'ai rien vu de plus touchant que cette scène.

Il voulut absolument m'acheter cette trousse garnie en argent que vous avez vue dans mon cabinet, et qui en est pour moi la chose la plus précieuse. Quoi qu'enivré par mes premiers succès, il ne lui est jamais échappé la moindre parole, le moindre geste qui voulussent dire : *C'est à moi qu'est dû cet homme !* Et cependant sans lui la misère m'aurait tué. Le pauvre homme s'était exterminé pour moi ; il n'avait mangé que du pain frotté d'ail, afin que j'eusse du café pour suffire à mes veilles. Il tomba malade. J'ai passé, comme vous l'imaginez, les nuits à son chevet, je l'ai tiré d'affaire la première fois ; mais il eut une rechute un an après, et malgré les soins les plus assidus, malgré les plus grands efforts de la science, il dut succomber. Jamais roi ne fut soigné comme il le fut. Oui, Bianchon, j'ai tenté, pour arracher cette vie à la mort, des choses inouïes. Je voulais le faire vivre assez pour le rendre témoin de son ouvrage, pour lui réaliser tous ses vœux, pour satisfaire la seule reconnaissance qui m'ait empli le cœur, pour éteindre un foyer qui me brûle encore aujourd'hui !

— Bourgeat, reprit Desplein visiblement ému, mon second père est mort dans mes bras, me laissant tout ce qu'il possédait par un testament qu'il avait fait chez un écrivain public, et daté de l'année où nous étions venus nous loger dans la cour de Rohan.

Cet homme avait la foi du charbonnier. Il aimait la sainte Vierge comme il eût aimé sa femme; il était catholique ardent, et ne m'avait jamais dit un mot sur mon irréligion. Quand il fut en danger, il me pria de ne rien ménager pour qu'il eût les secours de l'église. Je fis dire tous les jours la messe pour lui. Souvent, pendant la nuit, il me témoignait des craintes sur son avenir; il craignait de ne pas avoir vécu assez saintement. Le pauvre homme! il travaillait du matin au soir! A qui donc appartiendrait le paradis, s'il y a un paradis. Il a été administré comme un saint qu'il était, et sa mort fut digne de sa vie. Son convoi ne fut suivi que par moi. Quand j'eus mis en terre mon unique bienfaiteur, que je cherchai comment m'acquitter envers lui, je m'aperçus qu'il n'avait ni famille, ni amis, ni femme, ni enfans. Mais il croyait! il avait une conviction religieuse! Avais-je le droit de la discuter? Il m'avait timidement parlé des messes dites pour le repos des morts, car il ne voulait pas m'imposer ce devoir, en pensant que ce serait faire payer ses services. Aussitôt que j'ai pu établir une fondation, j'ai donné à Saint-Sulpice la somme nécessaire pour y faire dire quatre messes par an. Comme la seule chose que je puisse offrir à Bourgeat est la satisfaction de ses pieux désirs, le jour où se dit cette messe, au commencement de chaque saison, j'y vais en son nom, et récite pour lui les prières voulues. Je dis avec la bonne foi du douteur : « Mon Dieu, si tu as construit une sphère où tu mettes après leur mort les ames de ceux qui ont été parfaits, pense au bon Bourgeat, et s'il y a quelque chose à souffrir pour lui, donne-moi ses souffrances, afin de le faire entrer plus vite dans ce que l'on appelle le paradis. » Voilà mon cher, tout ce qu'un homme qui a mes opinions peut se permettre. Dieu doit être un bon diable, il ne saurait m'en vouloir. Je vous le jure, je donnerais ma fortune pour que la croyance de Bourgeat pût m'entrer dans la cervelle.

Bianchon, qui soigna Desplein dans sa dernière maladie, n'ose pas affirmer aujourd'hui que l'illustre chirurgien soit mort athée. Les croyans n'aimeront-ils pas à penser que l'humble Auvergnat sera venu lui ouvrir la porte du ciel, comme il lui ouvrit jadis la porte du temple terrestre au fronton duquel se lit : *Aux grands hommes la patrie reconnaissante.*

Paris, janvier 1836.

LES DEUX RÊVES.

Bodard de Saint-Jame, trésorier de la marine, était en 1786, celui des financiers de Paris dont le luxe excitait l'attention et les caquets de la ville. A cette époque, il faisait construire à Neuilly sa célèbre *folie*, et sa femme achetait, pour couronner le dais de son lit, une garniture de plumes dont le prix avait effrayé la reine. Alors il était bien plus facile qu'aujourd'hui de se mettre à la mode et d'occuper de soi tout Paris; souvent il suffisait d'un bon mot ou de la fantaisie d'une femme.

Bodard possédait le magnifique hôtel de la place Vendôme, que le fermier-général Dangé avait, depuis peu, quitté par force. Ce célèbre épicurien venait de mourir. Le jour de son enterrement, M. de Bièvre, son intime ami, avait trouvé matière à rire en disant : *qu'on pouvait maintenant passer par la place Vendôme sans danger.* Cette allusion au jeu d'enfer qu'on jouait chez le défunt fut toute son oraison funèbre. L'hôtel est celui qui fait face à la Chancellerie.

Pour achever en deux mots l'histoire de Bodard, c'était un pauvre homme; il fit une faillite de quatorze millions après celle du prince de Guéménée. La maladresse qu'il mit à ne pas précéder la sérénissime banqueroute, pour me servir de l'expression de Lebrun-Pindare, fut cause qu'on ne parla même pas de lui. Il mourut, comme Bourvalais, Bouret et tant d'autres, dans un grenier.

Madame de Saint-Jame avait pour ambition de ne recevoir chez elle que des gens de qualité, vieux ridicule toujours nouveau. Pour elle, les mortiers du parlement étaient déjà fort peu de chose; elle voulait voir dans ses salons des personnes titrées qui eussent au moins les grandes entrées à Versailles. Dire qu'il vint beaucoup de cordons bleus chez la jolie financière, ce serait mentir; mais il est très certain qu'elle avait réussi à obtenir les bontés et l'attention de quelques membres de la famille de Rohan, comme le prouva par la suite le trop fameux procès du collier.

Un soir, c'était, je crois, en août 1786, je fus très surpris de rencontrer dans le salon de cette trésorière, si prude à l'endroit des preuves, deux nouveaux visages qui me parurent assez mauvaise compagnie. Elle vint à moi dans l'embrasure d'une croisée où j'avais été me nicher avec intention.

— Dites-moi donc, lui demandai-je en lui désignant par un coup d'œil interrogatif l'un des inconnus, quelle est cette *espèce*-là? Comment avez-vous cela chez vous?

— Cet homme est charmant.

— Le voyez-vous à travers le prisme de l'amour, ou me trompé-je?

— Vous ne vous trompez pas, reprit-elle en riant, il est laid comme une chenille; mais il m'a rendu le plus immense service qu'une femme puisse recevoir d'un homme. Comme je la regardais malicieusement, elle se hâta d'ajouter:

— Il m'a radicalement guérie de

ces odieuses rougeurs qui me couperosaient le teint et me faisaient ressembler à une paysanne.

Je haussai les épaules avec humeur.

— C'est un charlatan, m'écriai-je.

— Non, répondit-elle, c'est le chirurgien des pages, il a beaucoup d'esprit, je vous jure, et d'ailleurs il écrit. C'est un savant physicien.

— Si son style ressemble à sa figure! repris-je en souriant. Mais l'autre?

— Qui, l'autre?

— Ce petit monsieur pincé, propret, poupin, et qui a l'air d'avoir bu du verjus.

— Mais c'est un homme assez bien

né; me dit-elle. Il arrive de je ne sais quelle province... de l'Artois. Il est chargé de terminer une affaire qui concerne le cardinal; Son Eminence elle-même vient de le présenter à M. de Saint-Jame. Ils ont choisi tous deux Saint-Jame pour arbitre. En cela le provincial n'a pas fait preuve d'esprit; mais aussi quels sont les gens assez niais pour confier un procès à cet homme-là? Il est doux comme un mouton et timide comme une fille. Son Eminence est plein de bonté pour lui.

— De quoi s'agit-il donc?

— De trois cent mille livres, dit-elle.

— Mais c'est donc un avocat? repris-je en faisant un léger haut-le-corps.

— Oui, dit-elle.

Puis, confuse de cet humiliant aveu, madame Bodard alla reprendre sa place au pharaon.

Toutes les parties étaient complètes. Je n'avais rien à faire ni à dire, je venais de perdre deux mille écus contre M. de Laval, avec lequel je m'étais rencontré chez une *impure*. J'allai me jeter dans une duchesse placée auprès de la cheminée. S'il y eut jamais sur cette terre un homme bien étonné, ce fut certes moi, en apercevant, que, de l'autre côté du chambranle, j'avais pour vis-à-vis le contrôleur-général. M. de Calonne paraissait assoupi, ou il se livrait à l'une de ces méditations qui tyrannisent es hommes d'Etat. Quand je le montrai par un geste à Beaumarchais qui venait à moi, le père de *Figaro*, ou *Figaro* lui-même, m'expliqua ce mystère sans mot dire. Il m'indiqua tour à tour ma propre tête et celle de Bodard par un geste assez malicieux qui consistait à écarter vers nous deux doigts de la main en tenant les autres fermés. Mon premier mouvement fut de me lever pour aller dire quelque chose de piquant à Calonne; je restai d'abord, parce que je songeai à jouer un tour à ce favori; puis, Beaumarchais m'avait familièrement arrêté de la main.

— Que voulez-vous? monsieur, lui dis-je.

Il cligna pour m'indiquer le contrôleur.

— Ne le réveillez pas, me dit-il à voix basse, l'on est trop heureux quand il dort.

— Mais c'est aussi un plan de finances que le sommeil, repris-je.

— Certainement, nous répondit l'homme d'état qui avait deviné nos paroles au seul mouvement des lèvres, et plût à Dieu que nous pussions dormir long-temps, il n'y aurait pas le réveil que vous verrez!

— Monseigneur, dit le dramaturge, j'ai un remerciement à vous faire.

— Et pourquoi?

— M. de Mirabeau est parti pour Berlin. Je ne sais pas si dans cette affaire des eaux, nous ne nous serions pas noyés tous deux.

— Vous avez trop de *mémoire* et pas assez de reconnaissance, répliqua sèchement le ministre, fâché de voir divulguer un de ses secrets devant moi.

— Cela est possible, dit Beaumarchais piqué au vif, mais j'ai des millions qui peuvent aligner bien des comptes.

M. de Calonne feignit de ne pas entendre.

Il était minuit et demi quand les parties cessèrent. L'on se mit à table. Nous étions dix personnes, Bodard et sa femme, le contrôleur-général, Beaumarchais, les deux inconnus, deux jolies dames dont je tairai les noms, et un fermier-général, appelé, je crois, Lavoisier. De trente personnes que je trouvai dans le salon en y entrant, il n'était resté que ces dix convives. Encore les deux *espèces* ne soupèrent-elles que d'après les instances de madame de Saint-Jame, qui crut s'acquitter avec l'un en lui donnant à manger, et qui peut-être invita l'autre pour plaire à son mari, auquel elle faisait des coquetteries, je ne sais trop pourquoi. Après tout, M. de Calonne était une puissance, et si quelqu'un avait eu à se fâcher, c'eût été moi.

Le souper commença par être ennuyeux à la mort. Ces deux gens et le fermier-général nous gênaient. Je fis un signe à Beaumarchais pour lui dire de griser le fils d'Esculape qu'il avait à sa droite, en lui donnant à entendre que je me chargeais de l'avocat. Comme il ne nous restait plus que ce moyen-là de nous amuser, et qu'il nous promettait de la part de ces deux hommes des impertinences dont nous nous amusions déjà, M. de Calonne sourit à mon projet. En deux secondes, les trois dames trempèrent dans notre conspiration bachique. Elles s'engagèrent par des œillades très significatives à y jouer leur rôle, et le vin de Sillery couronna plus d'une fois les verres de sa mousse argentée. Le chirurgien fut assez facile; mais au second verre que je voulus lui verser, mon voisin me dit avec la froide politesse d'un usurier, qu'il ne boirait pas davantage.

En ce moment, madame de

Saint-Jame nous avait mis, je ne sais par quel hasard de conversation, sur le chapitre des merveilleux soupers du comte de Cagliostro, que donnait le cardinal de Rohan. Je n'avais pas l'esprit trop présent à ce que disait la maîtresse du logis, car depuis la réponse qu'il m'avait faite, j'observais avec une invincible curiosité la figure mignarde et blême de mon voisin, dont le principal trait était un nez à la fois camard et pointu, qui le faisait ressembler, par momens, à une fouine. Tout à coup ses joues se colorèrent en entendant madame de Saint-Jame qui se querellait avec M. de Calonne.

— Mais je vous assure, monsieur, que j'ai vu la reine Cléopâtre, disait-elle d'un air impérieux.

— Je le crois, madame, répondit mon voisin. Moi, j'ai parlé à Catherine de Médicis.

— Oh! oh! dit M. de Calonne.

Les paroles prononcées par le petit provincial le furent d'une voix qui avait une indéfinissable sonorité, s'il est permis d'emprunter ce terme à la physique. Cette soudaine clarté d'intonation chez un homme qui avait jusque-là très peu parlé, toujours très bas et avec le meilleur ton possible, nous surprit au dernier point.

— Mais il parle, s'écria le chirurgien que Beaumarchais avait mis dans un état satisfaisant.

— Son voisin aura poussé quelque ressort, répondit le satirique.

Mon homme rougit légèrement en entendant ces paroles, quoiqu'elles n'eussent été que murmurées.

— Et comment était la feue reine? demanda Calonne.

— Je n'affirmerais pas que la personne avec laquelle j'ai soupé hier fût Catherine de Médicis elle-même. Ce prodige doit paraître justement impossible à un chrétien aussi bien qu'à un philosophe, répliqua l'avocat en appuyant légèrement l'extrémité de ses doigts sur la table et en se renversant sur sa chaise, comme s'il devait parler long-temps. Néanmoins je puis jurer que cette femme ressemblait autant à Catherine de Médicis que si elles eussent été sœurs. Celle que je vis portait une robe de velours noir absolument pareille à celle dont cette reine est vêtue dans le portrait qu'en possède le roi; sa tête était couverte de ce bonnet de velours si caractéristique; enfin, elle avait le teint blafard, et la figure que vous lui connaissez. Je n'ai pu m'empêcher de témoigner ma surprise à Son Eminence. La rapidité de l'évocation m'a semblé d'autant plus merveilleuse que M. le comte de Cagliostro n'avait pu deviner le nom du personnage avec lequel j'allais désirer de me trouver. J'ai été confondu. La magie du spectacle que présentait un souper où apparaissaient d'illustres femmes des temps passés m'ôta toute présence d'esprit. J'écoutai sans oser questionner. En échappant vers minuit aux piéges de cette sorcellerie, je doutais presque de moi-même. Mais tout ce merveilleux me sembla naturel en comparaison de la singulière hallucination que je devais subir encore. Je ne sais par quelles paroles je pourrais vous peindre l'état de mes sens. Seulement je déclare, dans la sincérité de mon cœur, que je ne m'étonne plus qu'il se soit rencontré jadis des ames assez faibles ou assez fortes pour croire aux mystères de la magie et au pouvoir du démon. Pour moi, jusqu'à plus ample informé, les apparitions dont Cardan et quelques alchimistes ont parlé, sont possibles.

Ces paroles prononcées avec une

incroyable éloquence de ton, étaient de nature à éveiller une excessive curiosité chez tous les convives. Aussi nos regards se tournèrent-ils sur l'orateur, et restâmes-nous immobiles. Nos yeux seuls trahissaient la vie en réfléchissant les bougies scintillantes des flambeaux. A force de contempler l'inconnu, il nous sembla voir les pores de son visage, et surtout ceux de son front, livrer passage au sentiment intérieur dont il était pénétré. Cet homme, en apparence froid et compassé, semblait contenir en lui-même un foyer secret dont la flamme agissait sur nous.

— Je ne sais, reprit-il, si la figure évoquée me suivit en se rendant invisible; mais aussitôt que ma tête reposa sur mon lit, je vis la grande ombre de Catherine se lever devant moi. Je me sentis, instinctivement, dans une sphère lumineuse, car mes yeux attachés sur la reine par une insupportable fixité ne virent qu'elle. Tout à coup elle se pencha vers moi....

A ces mots, les dames laissèrent échapper un mouvement unanime de curiosité.

— Mais, reprit l'avocat, j'ignore si je dois continuer; bien que je sois porté à croire que ce ne soit qu'un rêve, ce qui me reste à dire est grave.

— S'agit-il de religion? dit Beaumarchais.

— Ou y aurait-il quelqu'indécence, demanda Calonne. Ces dames vous pardonneraient.

— Il s'agit de gouvernement, répondit l'avocat.

— Allez, reprit le ministre. Voltaire, Diderot et consorts ont assez bien commencé l'éducation de nos oreilles.

Le contrôleur devint fort attentif, et sa voisine, madame de Genlis fort occupée. Le provincial hésitait encore. Beaumarchais lui dit alors avec vivacité: — Mais allez donc, maître! Ne savez-vous pas que quand les lois laissent si peu de liberté, les peuples prennent leur revanche dans les mœurs....

Alors le convive commença.

— Soit que certaines idées fermentassent à mon insu dans mon ame, soit que je fusse poussé par une puissance étrangère, je lui dis : — Ah! madame, vous avez commis un bien grand crime. — Lequel? demanda-t-elle d'une voix grave. — Celui dont la cloche du palais donna le signal au 24 août. Elle sourit dédaigneusement, et quelques rides profondes se dessinèrent sur ses joues blafardes. — Vous nommez cela un crime, répondit-elle, ce ne fut qu'un malheur. L'entreprise, mal conduite, ayant échoué, il n'en est pas résulté pour la France, pour l'Europe, pour l'Eglise catholique, le bien que nous en attendions. Que voulez-vous? les ordres ont été mal exécutés; nous n'avons pas rencontré autant de Montluc qu'il en fallait;

la postérité ne nous tiendra pas compte du défaut de communications qui nous empêcha d'imprimer à notre œuvre cette unité de mouvement nécessaire aux grands coups d'état : voilà le malheur! Si le 25 août il n'était pas resté l'ombre d'un huguenot en France, je serais demeurée jusque dans la postérité la plus reculée comme une belle image de la Providence. Combien de fois les ames clairvoyantes de Sixte-Quint, de Richelieu, de Bossuet, ne m'ont-elles pas secrètement accusée d'avoir échoué dans mon entreprise après avoir osé la concevoir. Aussi, de combien de regrets ma mort ne fut-elle pas accompagnée? Trente ans après la Saint-Barthélemi, la maladie durait encore; elle coûtait déjà dix fois plus de sang noble à la France qu'il n'en restait à verser le 26 août 1572. La révocation de l'édit de Nantes, en l'honneur de laquelle vous avez frappé des médailles, a coûté plus de larmes, plus de sang et d'argent, a tué plus de prospérité en France que trois Saint-Barthélemi. Letellier a su accomplir avec une plumée d'encre le décret que le trône avait secrètement promulgué depuis moi; mais si le 25 août 1572, cette immense exécution était nécessaire, le 25 août 1685 elle était inutile. Sous le second fils de Henri de Valois, l'hérésie était à peine enceinte; sous le second fils de Henri de Bourbon, cette mère féconde avait jeté son frai sur l'univers entier. Vous m'accusez d'un crime, et vous dressez des statues au fils d'Anne d'Autriche! Lui et moi, nous avons cependant essayé la même chose : il a réussi, j'ai échoué; mais Louis XIV a trouvé sans armes les Protestans qui, sous mon règne avaient de puissantes armées, des hommes d'état, des capitaines, et l'Allemagne pour eux.

A ces paroles lentement prononcées, je sentis en moi comme un tressaillement intérieur. Je croyais respirer la fumée du sang de je ne sais quelles victimes. Catherine avait grandi. Elle était là comme un mauvais génie, et il me sembla qu'elle voulait pénétrer dans ma conscience pour s'y reposer.

— Il a rêvé cela, dit Beaumarchais à voix basse, il ne l'a certes pas inventé.

— Ma raison est confondue, dis-je à la reine. Vous vous applaudissez d'un acte que trois générations condamnent, flétrissent et....

— Ajoutez, reprit-elle, que toutes les plumes ont été plus injustes envers moi que ne l'ont été mes contemporains. Nul n'a pris ma défense. Je suis accusée d'ambition, moi riche et souveraine. Je suis taxée de cruauté, moi qui n'ai sur la conscience que deux têtes tranchées. Et pour les esprits les plus impartiaux je suis peut-être encore un grand problème. Croyez-vous donc que j'aie été dominée par des sentimens de haine, que je n'aie respiré que vengeance et fureur? Elle sourit de pitié. — J'étais calme et froide comme la raison même. J'ai condamné les huguenots sans pitié, mais sans emportement. Ils étaient l'orange pourrie de ma corbeille. Reine d'Angleterre, j'eusse jugé de même les catholiques, s'ils y eussent été séditieux. Pour que notre pouvoir eût quelque vie à cette époque, il fallait dans l'Etat un seul Dieu, une seule Foi, un seul Maître. Heureusement pour moi, j'ai gravé ma justification dans un mot. Quand Birague m'annonça faussement la perte de la bataille de Dreux : — Eh bien ! nous irons au prêche, m'écriai-je. De la haine contre ceux de la religion? Je les estimais beaucoup et je ne les connaissais pas. Si je me suis senti de l'aversion envers quelques hommes politiques, ce fut pour le lâche cardinal de Lorraine, pour son frère, soldat fin et brutal qui tous deux me faisaient espionner. Voilà quels étaient les ennemis de mes enfans, ils voulaient leur arracher la couronne. Je les voyais tous les jours, ils m'excédaient. Si nous n'avions pas fait la Saint-Barthélemi, ces misérables l'eussent accomplie à l'aide de Rome et de ses moines. La Ligue, qui n'a été forte que de ma vieillesse, eût commencé en 1573. — Mais, madame, au lieu d'ordonner cet horrible assassinat (excusez ma franchise), pourquoi n'avoir pas employé les vastes ressources de votre politique à donner aux calvinistes les sages institutions qui rendirent le règne de Henri IV si glorieux et si paisible?

Elle sourit encore, haussa les épaules, et ses rides creuses donnèrent à son pâle visage une expression d'ironie pleine d'amertume.

— Les peuples, dit-elle, ont besoin de repos après les luttes les plus acharnées : voilà le secret de ce règne. Mais Henri IV a commis deux fautes irréparables : il ne devait ni abjurer le protestantisme, ni laisser la France catholique après l'être devenu lui-même. Lui seul s'est trouvé en position de changer sans secousse la face de la France. Ou pas une étole, ou pas un prêche. Telle aurait dû être sa pensée. Laisser dans un gouvernement deux principes ennemis sans que rien ne les balance, voilà un crime de roi, il sème ainsi des révolutions. A Dieu seul il appartient de mettre dans son œuvre le bien et le mal sans cesse en présence. Mais peut-être cette sentence était-elle inscrite au fond de la politique de Henri IV, et peut-être causa-t-elle sa mort. Il est impossible que Sully n'ait pas jeté un regard de convoitise sur ces immenses biens du clergé, que le clergé ne possédait pas entièrement, car la noblesse gaspillait au moins les deux tiers de leurs revenus. Sully, tout huguenot qu'il était, avait des abbayes. Elle s'arrêta et parut réfléchir. — Mais, reprit-elle, songez-vous que c'est à la nièce d'un pape que vous demandez raison de son catholicisme? Elle s'arrêta encore. — Après tout, j'eusse été calviniste de bon cœur, ajouta-t-elle en laissant échapper un geste d'insouciance. Les hommes supérieurs de ce siècle penseraient-ils encore que la religion était pour quelque chose dans ce procès, le plus immense de ceux que l'Europe ait jugés, vaste révolution, retardée par de petites causes qui ne l'empêcheront pas de rouler sur le monde, puisque je ne l'ai pas étouffée. Révolution, dit-elle en me jetant un regard profond, qui marche toujours et que tu pourras achever. Oui, *toi*, qui m'écoutes! Je frissonnai. — Quoi! personne encore n'a compris que les intérêts anciens

A

B

avaient saisi Rome et Luther comme des drapeaux! Quoi! pour éviter une lutte à peu près semblable, Louis IX, en entraînant une population centuple de celle que j'ai condamnée, et la laissant aux sables de l'Egypte, a mérité le nom de saint, et moi? — Mais moi, dit-elle, j'ai échoué. Elle pencha la tête et resta silencieuse un moment. Ce n'était plus une reine que je voyais, mais bien plutôt une de ces antiques druidesses qui sacrifiaient des hommes, et savaient dérouler les pages de l'avenir en exhumant les enseignemens du passé. Mais bientôt elle releva sa royale et majestueuse figure. — En appelant l'attention de tous les bourgeois sur les abus de l'Eglise romaine, dit-elle, Luther et Calvin faisaient naître en Europe un esprit d'investigation qui devait amener les peuples à vouloir tout examiner. L'examen conduit au doute. Au lieu d'une foi nécessaire aux sociétés, ils traînaient après eux et dans le lointain une philosophie curieuse, armée de marteaux, avide de ruines. La science s'élançait brillante de ses fausses clartés du sein de l'hérésie. Il s'agissait bien moins d'une réforme dans l'Église que de la liberté indéfinie de l'homme qui est la mort de tout pouvoir. J'ai vu cela. La conséquence des succès obtenus par les religionnaires dans leur lutte contre le sacerdoce, déjà plus armé et plus redoutable que la couronne, était la ruine du pouvoir

monarchique élevé à si grands frais sur les débris de la féodalité. Il ne s'agissait de rien moins que de l'anéantissement de la religion et de la royauté sur les débris desquelles toutes les bourgeoisies du monde voulaient pactiser. Cette lutte était donc une guerre à mort entre de nouvelles combinaisons et les lois, les croyances anciennes. Les catholiques étaient l'expression des intérêts matériels de la royauté, des seigneurs et du clergé. Ce fut un duel à outrance entre deux géans, la Saint-Barthélemi ne fut malheureusement qu'une blessure. Souvenez-vous que, pour épargner quelques gouttes de sang dans un moment opportun, on en laisse verser plus tard par torrens.

L'intelligence qui plane sur une nation ne peut éviter un malheur : celui de ne plus trouver de pairs pour être bien jugée quand elle a succombé sous le poids d'un événement. Mes pairs sont rares, les sots sont en majorité; tout est expliqué par ces deux propositions. Si mon nom est en exécration à la France, il faut s'en prendre aux esprits médiocres qui y forment la masse de toutes les générations. Dans les grandes crises que j'ai subies, régner ce n'était pas donner des audiences, passer des revues et signer des ordonnances. J'ai pu commettre des fautes, je n'étais qu'une femme. Mais pourquoi ne s'est-il pas alors rencontré un homme qui fût au-dessus de son siècle? Le duc d'Albe était une ame de bronze; Philippe II était hébété de croyance catholique, Henri IV était un soldat joueur et libertin, l'Amiral un entêté systématique. Louis XI vint trop tôt, Richelieu vint trop tard. Vertueuse ou criminelle, que l'on m'attribue ou non la Saint-Barthélemi, j'en accepte le fardeau; je resterai entre ces deux grands rois comme l'anneau visible d'une chaîne inconnue. Quelque jour des écrivains à paradoxes se demanderont si les peuples n'ont pas quelquefois prodigué le nom de bourreaux à des victimes. Ce ne sera pas une fois seulement que l'humanité préférera d'immoler un dieu plutôt que de s'accuser elle-même. Vous êtes tous portés à verser sur deux cents manans sacrifiés à propos, les larmes que vous refusez aux malheurs d'une génération, d'un siècle ou d'un monde ; et vous oubliez que la liberté politique, la tranquillité d'une nation, la science même, sont des présens pour lesquels le destin prélève des impôts de sang ! — Les nations ne pourraient-elles pas être un jour heureuses à meilleur marché ? m'écriai-je les larmes aux yeux. — Les vérités ne sortent de leurs puits que pour prendre des bains de sang où elle se rafraîchissent. Le christianisme lui-même, essence de toute vérité, puisqu'il vient de Dieu, s'est-il établi sans martyrs ? le sang n'a-t-il pas coulé à flots ? ne coulera-t-il pas toujours ? Tu le sauras, franc-maçon démolisseur. Quand tu promèneras ton niveau sur les têtes, tu seras applaudi ; puis quand tu voudras prendre la truelle, on te tuera. » Sang ! sang ! ce mot retentissait à mes oreilles comme un tintement. — Selon vous, dis-je, le protestantisme aurait donc eu le droit de raisonner comme vous ? Catherine avait disparu, comme si quelque souffle eût éteint la lumière surnaturelle qui permettait à mon esprit de voir cette figure dont les proportions étaient devenues gigantesques. Je trouvai tout à coup en moi-même une partie de moi qui adoptait les doctrines atroces déduites par cette Italienne. Je me réveillai en sueur, pleurant, et au moment où ma raison victorieuse me disait, d'une voix douce, qu'il n'appartenait ni à un roi ni même à une nation d'appliquer ces principes dignes d'un peuple d'athées.

— Et comment sauvera-t-on les monarchies qui croulent? demanda Beaumarchais.

— Dieu est là, monsieur, répliqua mon voisin.

— Donc, reprit M. de Calonne avec cette incroyable légèreté qui le caractérisait, nous avons la ressource de nous croire, selon l'évangile de Bossuet, les instrumens de Dieu.

Aussitôt que les dames s'étaient aperçues que l'affaire se passait en conversation entre la reine et l'avocat, elles avaient chuchoté. J'ai même fait grâce des phrases à points d'interjection qu'elles lancèrent à travers le discours de l'avocat. Cependant ces mots : — Il est ennuyeux à la mort ! — Mais, ma chère, quand finira-t-il ? parvinrent à mon oreille. Lorsque l'inconnu cessa de parler, les dames se turent. M. Bodard dormait. Le chirurgien à moitié gris, Lavoisier, Beaumarchais et moi nous avions été seuls attentifs, M. de Calonne jouait avec sa voisine. En ce moment le silence eut quelque chose de solennel. La lueur des bougies me paraissait avoir une couleur magique. Un même sentiment nous avait attachés par des liens mystérieux à cet homme, qui, pour ma part, me fit concevoir les inexplicables effets du fanatisme. Il ne fallut rien moins que la voix sourde et caverneuse du compagnon de Beaumarchais pour nous réveiller.

— Et moi aussi j'ai rêvé, s'écria-t-il.

Je regardai plus particulièrement alors le chirurgien, et j'éprouvai je ne sais quel sentiment d'horreur. Son teint terreux, ses traits à la fois ignobles et grands, offraient une expression exacte de ce que vous me permettez de nommer *la canaille*. Quelques grains bleuâtres et noirs étaient semés sur son visage comme des traces de boue, et ses yeux lançaient une flamme sinistre. Cette figure paraissait plus sombre qu'elle ne l'était peut-être, à cause de la neige amassée sur la tête par une coiffure à frimas.

— Cet homme-là doit enterrer plus d'un malade, dis-je à mon voisin.

— Je ne lui confierais pas mon chien, me répondit-il.

— Je le hais involontairement.

— Et moi je le méprise.

— Quelle injustice cependant! repris-je.

— Oh! mon Dieu, après-demain il peut devenir aussi célèbre que l'acteur Volange, répliqua l'inconnu.

M. de Calonne montra le chirurgien par un geste qui semblait nous dire : — Celui-là me paraît devoir être plus amusant.

— Et auriez-vous rêvé d'une reine? lui demanda Beaumarchais.

— Non, j'ai rêvé d'un peuple, répondit-il avec une emphase qui nous fit rire. J'avais entre les mains un malade auquel je devais couper la cuisse le lendemain de mon rêve....

— Et vous avez trouvé le peuple dans la cuisse de votre malade? demanda M. de Calonne.

— Précisément, répondit le chirurgien.

— Est-il amusant! s'écria la comtesse de Genlis.

— Je fus assez surpris, dit l'orateur sans s'embarrasser des interruptions et en mettant chacune de ses mains dans les goussets de son vêtement nécessaire, de trouver à qui parler dans cette cuisse. J'avais la singulière faculté d'entrer chez mon malade. Quand, pour la première fois, je me trouvai sous sa peau, je contemplai une merveilleuse quantité de petits êtres qui s'agitaient, pensaient et raisonnaient. Les uns vivaient dans le corps de cet homme, les autres dans sa pensée. Ses idées étaient des êtres qui naissaient, grandissaient, mouraient. Ils étaient malades, gais, bien portans, tristes, et avaient tous enfin des physionomies particulières. Ils se combattaient ou se caressaient. Quelques idées s'élançaient au dehors et allaient vivre dans le monde intellectuel. Je compris tout à coup qu'il y avait deux univers, l'univers visible et l'univers invisible; que la terre avait, comme l'homme, un corps et une ame. La nature s'illumina pour moi, et j'en appréciai l'immensité en apercevant l'océan des êtres qui, par masses et par espèces étaient répandus partout, faisant une seule et même matière animée, depuis les marbres jusqu'à Dieu. Magnifique spectacle! Bref, il y avait un univers dans mon malade. Quand je plantai mon bistouri au sein de sa cuisse gangrénée, j'abattis un millier de ces bêtes-là. — Vous riez, mesdames, d'apprendre que vous êtes livrées aux bêtes.

— Pas de personnalités, dit M. de Calonne. Parlez pour vous et pour votre malade.

— Mon homme, épouvanté des cris de ses animalcules, et souffrant comme un damné, voulait interrompre mon opération; mais j'allais toujours, et je lui disais que des animaux malfaisans lui rongeaient déjà les os. Il fit un mouvement de résistance en ne comprenant pas ce que j'allais faire pour son bien, et mon bistouri m'entra dans le côté...

— Il est stupide, dit Lavoisier.

— Non, il est gris, répondit Beaumarchais.

— Mais, messieurs, mon rêve a un sens, s'écria le chirurgien.

— Oh! oh! cria Bodard qui se réveillait, j'ai une jambe engourdie.

— Monsieur, lui dit sa femme, vos animaux sont morts.

— Cet homme a une vocation, s'écria mon voisin qui avait imperturbablement fixé le chirurgien pendant qu'il parlait.

— Il est à celui de monsieur, disait toujours le laid convive en continuant, ce qu'est l'action à la parole, le corps à l'ame.

Mais sa langue épaissie s'embrouilla, et il ne prononça plus que d'indistinctes paroles. Heureusement pour nous la conversation reprit un autre cours. Au bout d'une demi-heure nous avions oublié le chirurgien des pages, qui dormait. La pluie se déchaînait par torrens quand nous nous levâmes de table.

— L'avocat n'est pas si bête, dis-je à Beaumarchais.

— Oh! il est lourd et froid. Mais vous voyez que la province recèle encore de bonnes gens qui prennent au sérieux les théories politiques et notre histoire de

France. C'est un levain qui fermentera.

— Avez-vous votre voiture ? me demanda madame de Saint-Jame.

— Non, lui répondis-je sèchement. Je ne savais pas que je dusse la demander ce soir. Vous voulez peut-être que je reconduise le contrôleur ? Serait-il donc venu chez vous *en polisson* ? Expression du moment qui servait à désigner une personne qui conduisait sa propre voiture à Marly, vêtue en cocher.

Elle s'éloigna vivement, sonna, demanda la voiture de Saint-Jame, et prit à part l'avocat.

— M. de Robespierre, voulez-vous me faire le plaisir de mettre M. Marat chez lui, car il est hors d'état de se soutenir, lui dit-elle.

— Volontiers, madame, répondit M. de Robespierre avec une manière galante, je voudrais que vous m'ordonnassiez quelque chose de plus difficile à faire.

Paris, janvier 1837.

FACINO CANE.

Je demeurais alors dans une petite rue que vous ne connaissez sans doute pas, la rue de Lesdiguières ; elle commence à la rue Saint-Antoine, en face d'une fontaine près de la place de la Bastille et débouche dans la rue de la Cérisaie. L'amour de la science m'avait jeté dans une mansarde où je travaillais pendant la nuit, et je passais le jour à une bibliothèque voisine, celle de Monsieur. Je vivais frugalement, car j'avais accepté toutes les conditions de la vie monastique, si nécessaire aux travailleurs. Quand il faisait beau, à peine me promenais-je sur le boulevard Bourdon, une seule passion m'entraînait en dehors de mes habitudes studieuses; mais n'était-ce pas encore de l'étude? j'allais observer les mœurs du faubourg, ses habitans et leurs caractères. Aussi mal vêtu que les ouvriers, indifférent au décorum, je ne les mettais point en garde contre moi;

je pouvais me mêler à leurs groupes, les voir conclure leurs marchés, et se disputer à l'heure où ils quittent le travail. Chez moi l'observation était déjà devenue intuitive, elle pénétrait l'ame sans négliger le corps; ou plutôt elle saisissait si bien les détails extérieurs, qu'elle allait sur-le-champ au-delà; elle me donnait la faculté de vivre de la vie de l'individu sur laquelle elle s'exerçait, en me permettant de me substituer à lui comme le derviche des Mille et une Nuits, prenait le corps et l'ame des personnes sur lesquelles il prononçait certaines paroles.

Lorsqu'entre onze heures et minuit, je rencontrais un ouvrier et sa femme revenant ensemble de l'Ambigu-Comique, je m'amusais à les suivre depuis le boulevard du Pont-aux-Choux jusqu'au boulevard Beaumarchais. Ces braves gens parlaient d'abord de la pièce qu'ils avaient vue; de fil en aiguille, ils arrivaient à leurs affaires; la mère tirait son enfant par la main, sans écouter ni ses plaintes ni ses demandes; les deux époux comptaient l'argent qui leur serait payé le lendemain, ils le dépensaient de vingt manières différentes. C'était alors des détails de ménage, des doléances sur le prix excessif des pommes de terre, ou sur la longueur de l'hiver et le renchérissement des mottes, des représentations énergiques sur ce qui était dû au boulanger; enfin des discussions qui s'envenimaient, et où chacun d'eux déployait son caractère en mots pittoresques. En les entendant, je pouvais épouser leur vie, je me sentais leurs guenilles sur le dos, je marchais les pieds dans leurs souliers percés; leurs désirs, leurs besoins, tout passait dans mon ame, ou mon ame passait dans la leur. C'était un rêve éveillé. Je m'échauffais avec eux contre les chefs d'atelier qui les tyrannisaient, ou contre les mauvaises pratiques qui les faisaient revenir plusieurs fois sans les payer. Quitter ses habitudes, devenir un autre que soi par l'ivresse des facultés morales, et jouer ce jeu à volonté, telle était ma distraction. A quoi dois-je ce don? Est-ce une seconde vue? est-ce une de ces qualités dont l'abus mènerait à la folie? Je n'ai jamais recherché les causes de cette puissance; je la possède et m'en sers, voilà tout. Sachez seulement que, dès ce temps, j'avais décomposé les élémens de cette masse hétérogène nommée le peuple, que je l'avais analysée de manière à pouvoir évaluer ses qualités bonnes ou mauvaises. Je savais déjà de quelle utilité pourrait être ce faubourg, ce séminaire de révolutions qui renferme des héros, des inventeurs, des savans-pratiques, des coquins, des scélérats, des vertus et des vices, tous comprimés par la misère, étouffés par la nécessité, noyés dans le vin, usés par les liqueurs fortes. Vous ne sauriez imaginer que d'aventures perdues, que de drames, oubliés dans cette ville de douleur! Combien d'horribles et belles choses! L'imagination n'atteindra jamais au vrai qui s'y cache et que personne ne peut aller découvrir; il faut descendre trop bas pour trouver ces admirables scènes ou tragiques ou comiques, chefs-d'œuvre enfantés par le hasard. Je ne sais comment j'ai si long-temps gardé sans la dire l'histoire vraie ou fausse que je vais vous raconter; elle fait partie de ces récits curieux restés dans le sac d'où la mémoire les tire capricieusement comme des numéros de loterie; j'en ai bien d'autres, aussi singuliers, également enfouis; mais ils auront leur tour, mon ami.

Un jour ma femme de ménage, la femme d'un ouvrier, vint me prier d'honorer de ma présence la noce d'une de ses sœurs. Pour vous faire comprendre ce que pouvait être cette noce, il faut vous dire, que je donnais quarante sous par mois à cette pauvre créature qui venait tous les matins faire mon lit, nettoyer mes souliers, brosser mes habits, balayer la chambre et préparer mon déjeûner; elle allait pendant le reste du temps tourner la manivelle d'une mécanique, et gagnait à ce dur métier dix sous par jour. Son mari était ébéniste, et gagnait quatre francs. Mais comme ce ménage avait trois enfans, il pouvait à peine honnêtement manger du pain. Je n'ai jamais rencontré de probité plus solide que celle de cet homme et de cette femme.

Quand j'eus quitté le quartier, pendant cinq ans, la mère Vaillant est venue me souhaiter ma fête en m'apportant un bouquet et des oranges, elle qui n'avait jamais dix sous d'économies. La misère nous avait rapprochés. Je n'ai jamais pu lui donner autre chose que dix francs, souvent empruntés pour cette circonstance. Ceci peut expliquer ma promesse d'aller à la noce, je comptais me blottir dans la joie de ces pauvres gens.

Le festin, le bal, tout eut lieu chez un marchand de vin de la rue de Charenton, au premier étage, dans une grande chambre éclairée par des lampes à réflecteurs en fer blanc, tendue d'un papier crasseux à hauteur des tables, et le long des murs de laquelle il y avait des bancs de bois. Dans cette chambre, quatre-vingts personnes endimanchées, flanquées de bouquets et de rubans, toutes animées par l'esprit de la Courtille, le visage enflammé, dansaient comme si le monde allait finir. Les mariés s'embrassaient à la satisfaction générale, et c'étaient des hé! hé! des ha! ha! facétieux mais réellement moins indécens que ne sont les timides œillades des jeunes filles bien élevées. Tout ce monde exprimait un contentement brutal qui avait je ne sais quoi de communicatif.

Mais ni les physionomies de cette assemblée, ni la noce, ni rien de ce monde n'a trait à mon histoire. Retenez seulement la bizarrerie du cadre? Figurez-vous bien la boutique ignoble et peinte en rouge, sentez l'odeur du vin, écoutez les hurlements de cette joie, restez bien dans ce faubourg, au milieu de ces ouvriers, de ces vieillards, de ces pauvres femmes livrées au plaisir d'une nuit?

L'orchestre se composait de trois aveugles des Quinze-Vingt; le premier était violon, le second clarinette, et le troisième flageolet. Tous trois étaient payés en bloc sept francs pour la nuit. Sur ce prix là, certes, ils ne donnaient ni du Rossini, ni du Bethowen, ils jouaient ce qu'ils voulaient et ce qu'ils pouvaient; personne ne leur faisait de reproches, charmante délicatesse! Leur musique attaquait si brutalement le tympan, qu'après avoir jeté les yeux sur l'assemblée, je regardai ce trio d'aveugles, et fus tout d'abord disposé à l'indulgence en reconnaissant leur uniforme. Ces artistes étaient dans l'embrasure d'une croisée ; pour distinguer leurs physionomies, il fallait donc être près d'eux ; je n'y vins pas sur-le-champ ; mais quand je m'en rapprochai, je ne sais pourquoi, tout fut dit : la noce, la musique disparut, ma curiosité fut excitée au plus haut degré, car mon ame passa dans le corps du joueur de clarinette. Le violon et le flageolet avaient tous deux des figures vulgaires, la figure si connue de l'aveugle, pleine de contention, attentive et grave ; mais celle de la clarinette était un de ces phénomènes qui arrêtent tout court l'artiste et le philosophe.

Figurez-vous le masque en plâtre de Dante, éclairé par la lueur rouge du quinquet, et surmonté d'une forêt de cheveux d'un blanc argenté. L'expression amère et douloureuse de cette magnifique tête était agrandie par la cécité, car les yeux morts revivaient par la pensée; il s'en échappait comme une lueur brûlante, produite par un désir unique, incessant, énergiquement inscrit sur un front bombé que traversaient des rides pareilles aux assises d'un vieux mur. Ce vieillard soufflait au hasard, sans faire la moindre attention à la mesure ni à l'air, ses doigts se baissaient ou se levaient, agitaient les vieilles clés par une habitude machinale, il ne se gênait pas pour faire ce que l'on nomme des *canards* en terme d'orchestre; les danseurs ne s'en apercevaient pas plus que les deux acolytes de mon italien; car je voulais que ce fût un italien, et c'était un italien. Quelque chose de grand et de despotique se rencontrait dans ce vieil Homère qui gardait en lui-même une Odyssée condamnée à l'oubli; c'était une grandeur si réelle qu'elle triomphait encore de son abjection, c'était un despotisme si vivace qu'il dominait la pauvreté. Aucune des violentes passions qui conduisent l'homme au bien comme au mal, en font un forçat ou un héros, ne manquait à ce visage noblement coupé, lividement italien, ombragé par des sourcils grisonnants qui projetaient leur ombre sur des cavités profondes où l'on tremblait de voir reparaître la lumière de la pensée, comme on craint de voir venir à la bouche d'une caverne quelques brigands armés de torches et de poignards. Il existait un lion dans cette cage de chair, un lion dont la rage s'était inutilement épuisée contre le fer de ses barreaux. L'incendie du désespoir s'était éteint dans ses cendres, la lave s'était refroidie, mais les sillons, les bouleversemens, un peu de fumée attestaient la violence de l'éruption, les ravages du feu. Ces idées, réveillées par l'aspect de cet homme, étaient aussi chaudes dans mon ame qu'elles étaient froides sur sa figure.

Entre chaque contredanse, le violon et le flageolet, sérieusement occupés de leur verre et de leur bouteille, suspendaient leur instrument au bouton de leur redingotte rougeâtre, avançaient la main sur une petite table placée dans l'embrasure de la croisée où était leur cantine, et offraient toujours à l'italien un verre plein qu'il ne pouvait prendre lui-même, car la table se trouvait derrière sa chaise; chaque fois, la clarinette les remerciait par un signe de tête amical. Leurs mouvemens s'accomplissaient avec cette précision qui étonne toujours chez les aveugles des Quinze-Vingts, et qui semble faire croire qu'ils voient. Je m'approchai des trois aveugles pour les écouter, mais quand je fus près d'eux, ils m'étudièrent, ne reconnurent sans doute pas la nature ouvrière, et se tinrent coi.

— De quel pays êtes-vous, vous qui jouez de la clarinette?

— De Venise, répondit l'aveugle avec un léger accent italien.

— Etes-vous né aveugle, ou êtes-vous aveugle par...

— Par accident, répondit-il vivement, une maudite goutte sereine.

— Venise est une belle ville, j'ai toujours eu la fantaisie d'y aller.

La physionomie du vieillard s'anima, ses rides s'agitèrent, il fut violemment ému.

—Si j'y allais avec vous, vous ne

perdriez pas votre temps, me dit-il.

— Ne lui parlez pas de Venise, me dit le violon, ou notre doge va commencer son train, avec ça qu'il a déjà deux bouteilles dans le bocal, le prince !

— Allons en avant, père Canard, dit le flageolet.

Tous trois se mirent à jouer; mais pendant le temps qu'ils mirent à exécuter les quatre contredanses, le Vénitien me flairait, il devinait l'excessif intérêt que je lui portais. Sa physionomie quitta sa froide expression de tristesse, je ne sais quelle espérance égaya tous ses traits, se coula comme une flamme bleue dans ses rides; il sourit, et s'essuya le front, ce front audacieux et terrible; enfin il devint gai comme un homme qui monte sur son dada.

— Quel âge avez-vous, lui demandai-je.

— Quatre-vingt-deux ans!

— Depuis quand êtes-vous aveugle?

— Voici bientôt cinquante ans, répondit-il avec un accent qui annonçait que ses regrets ne portaient pas seulement sur la perte de sa vue, mais sur quelque grand pouvoir dont il aurait été dépouillé.

— Pourquoi vous appellent-ils donc le doge? lui demandai-je.

— Ah! une farce, me dit-il, je suis patricien de Venise, et j'aurais été doge tout comme un autre.

— Comment vous nommez-vous donc ?

— Ici, me dit-il, le père Canet. Mon nom n'a jamais pu s'écrire autrement sur les registres; mais en italien, *Marco Facino Cane.principe de Varese.*

— Comment? vous descendez du fameux condottiere Facino Cane, dont les conquêtes ont passé aux ducs de Milan ?

— *E vero*, me dit-il. Dans ce temps-là, pour n'être pas tué par les Visconti, le fils de Cane s'est réfugié à Venise et s'est fait inscrire sur le Livre d'or. Mais il n'y a pas plus de Cane maintenant que de livre.

Et il fit, ensuite, un geste effrayant de patriotisme éteint et de dégoût pour les choses humaines.

— Mais si vous étiez sénateur de Venise, vous deviez être riche, comment avez-vous pu perdre votre fortune ?

A cette question il leva la tête vers moi, comme pour me contempler par un mouvement vraiment tragique, et me répondit : — Dans les malheurs !

Il ne songeait plus à boire, il refusa par un geste le verre de vin que lui tendit en ce moment le vieux flageolet, puis il baissa la tête. Ces détails n'étaient pas de nature à éteindre ma curiosité. Pendant la contredanse que jouèrent ces trois machines, je contemplai le vieux noble Vénitien avec les sentimens qui dévorent un homme de vingt ans. Je voyais Venise et l'Adriatique, je la voyais en ruines sur cette figure ruinée. Je me promenais dans cette ville si chère à ses habitans, j'allais du Rialto au grand canal, du quai des Esclavons au Lido, je revenais à sa cathédrale, si originalement sublime; je regardais les fenêtres de la *Casa d'Oro* dont chacune a des ornemens différens; je contemplais ces vieux palais si riches de marbre; enfin toutes ces merveilles avec lesquelles le savant sympathise d'autant plus qu'il les colore à son gré, et ne dépoétise pas ses rêves par le spectacle de la réalité. Je remontais le cours de la vie de ce rejeton du plus grand des condottieri, en y cherchant les traces de ses malheurs et les causes de cette profonde dégradation physique et morale, qui rendait plus belles encore les étincelles de grandeur et de noblesse, ranimées en ce moment. Nos pensées étaient sans doute communes, car je crois que la cécité rend les communications intellectuelles beaucoup plus rapides en défendant à l'attention de s'éparpiller sur les objets extérieurs. La preuve de notre sympathie ne se fit pas attendre. Facino Cane cessa de jouer, se leva, vint à moi et me dit un : — *Sortons !* qui produisit sur moi l'effet d'une douche électrique. Je lui donnai le bras, et nous nous en allâmes.

Quand nous fûmes dans la rue, il me dit : — Voulez-vous me mener à Venise, m'y conduire, voulez-vous avoir foi en moi, vous serez plus riche que ne le sont les dix maisons les plus riches d'Amsterdam ou de Londres, plus riches que les Rotschild, enfin riche comme les *Mille et une Nuits*.

Je pensai que cet homme était fou; mais il y avait dans sa voix une puissance à laquelle j'obéis. Je me laissai conduire et il me mena vers les fossés de la Bastille comme s'il avait eu des yeux. Il s'assit sur une pierre dans un endroit fort solitaire où depuis fut bâti le pont par lequel le canal St-Martin communique avec la Seine. Je me mis sur une autre pierre devant lui. La lune éclairait ce vieillard dont les cheveux blancs brillèrent comme des fils d'argent. Le silence que troublait à peine le bruit orageux des boulevards qui arrivait jusqu'à nous, la pureté de la nuit, tout contribuait à rendre cette scène vraiment fantastique.

— Vous parlez de millions à un jeune homme, et vous croyez qu'il hésiterait à endurer mille maux pour les recueillir. Ne vous moquez-vous pas de moi ?

— Que je meure sans confession, me dit-il avec violence, si ce que je vais vous dire n'est pas vrai. J'ai eu vingt ans comme vous les avez en ce moment, j'étais riche, j'étais beau, j'étais noble, j'ai commencé par la première des folies, par l'amour. J'ai aimé comme l'on n'aime plus, jusqu'à me mettre dans un coffre et risquer d'y être poignardé sans avoir reçu autre chose que la promesse d'un baiser. Mourir pour *elle*, me semblait toute une vie. En 1760 je devins amoureux d'une Vendramini, une femme de dix-huit ans, mariée à un Sagredo, l'un des plus riches sénateurs, un homme de trente ans, fou de sa femme. Ma maîtresse et moi nous étions innocens comme deux chérubins, quand le *Sposo* nous surprit causant d'amour; j'étais sans armes, il me manqua, je sautai sur lui, je l'étranglai de mes deux mains, en lui tordant le cou comme à un poulet. Je voulus partir avec Bianca, elle ne voulut pas me suivre. Voilà les femmes! Je m'en allai seul, je fus condamné, mes biens furent séquestrés au profit de mes héritiers; mais j'avais emporté mes diamans, cinq tableaux du Titien roulés, et tout mon or. J'allai à Milan, mon affaire n'intéressait point l'état, je n'y fus pas inquiété.

Une petite observation avant de continuer, dit-il en faisant une pause. Que les fantaisies d'une femme influent ou non sur son enfant pendant qu'elle les porte, ou quand elle le conçoit, il est certain que ma mère eut une passion pour l'or pendant sa grossesse. J'ai pour l'or une monomanie dont la satisfaction est si nécessaire à ma vie, que dans toutes les situations où je me suis trouvé, je n'ai jamais été sans or sur moi, je manie constamment de l'or; jeune je portais toujours des bijoux; et j'avais toujours sur moi deux ou trois cents ducats.

En disant ces mots, il tira deux ducats de sa poche et me les montra.

— Je sens l'or. Tout aveugle que je suis, je m'arrête devant les boutiques de joaillier. Cette passion m'a perdu, je suis devenu joueur pour jouer de l'or. Je n'étais pas fripon, je fus friponné, je me ruinai. Quand je n'eus plus de fortune, je fus pris par la rage de voir Bianca, je revins secrètement à Venise; je la retrouvai, je fus heureux pendant six mois, caché chez elle, nourri par elle. Je pensais délicieusement à finir ainsi ma vie. Elle était recherchée par le provéditeur; celui-ci devina un rival, en Italie on les sent, il nous espionna. nous surprit au lit, le lâche! Jugez combien vive fut notre lutte! Je ne le tuai pas, je le blessai grièvement. Cette aventure brisa mon bonheur. Depuis ce jour, je n'ai jamais retrouvé de Bianca. J'ai eu de grands plaisirs, j'ai vécu à la cour de Louis XV, parmi les femmes les plus célèbres; nulle part je n'ai trouvé les qualités, les grâces, l'amour de ma chère vénitienne. Le provéditeur avait ses gens; il les appela, le palais fut cerné, envahi; je me défendis pour pouvoir mourir sous les yeux de Bianca qui m'aidait à tuer le provéditeur. Jadis elle n'avait pas voulu s'enfuir avec moi; mais après six mois de bonheur, elle voulait mourir de ma mort, et reçut plusieurs coups. Pris dans un grand manteau que l'on jeta sur moi, je fus roulé, porté dans une gondole et transporté dans un cachot. J'avais vingt-deux ans, je tenais si bien le tronçon de mon épée, que pour l'avoir il aurait fallu me couper le poing.

Par un singulier hasard, ou plutôt inspiré par une pensée de précaution, je cachai ce morceau de fer dans un coin, comme s'il pouvait me servir. Je fus soigné. Aucune de mes blessures n'était mortelle. A vingt-deux ans, on revient de tout. Je devais mourir décapité, je fis le malade afin de gagner du temps. Je croyais être dans un cachot voisin du canal, mon projet était de m'évader en creusant le mur et traversant le canal à la nage, au risque de me noyer. Voici sur quels raisonnemens s'appuyait mon espérance. Toutes les fois que le geôlier m'apportait à manger, je lisais des indications écrites sur les murs, comme : *côté du palais*, *côté du canal*, *côté du souterrain*, et je finis par apercevoir un plan dont je n'ai jamais deviné le sens. Avec le génie que donne le désir de recouvrer la liberté, je parvins à déchiffrer, en tâtant du bout des doigts la superficie d'une pierre, une inscription arabe par laquelle l'auteur de ce travail, avertissait ses successeurs qu'il avait détaché deux pierres de la dernière assise, et creusé onze pieds de souterrain. Pour continuer son œuvre, il fallait répandre sur le sol même du cachot les parcelles de pierre et de mortier produites par le travail de l'excavation.

Quand même les gardiens ou les inquisiteurs n'eussent pas été rassurés par la construction de l'édifice qui n'exigeait qu'une surveillance extérieure, la disposition du cachot dans lequel on descendait par quelques marches, permettait d'exhausser graduellement le sol sans que les gardiens s'en aperçussent. Cet immense travail avait été superflu, du moins pour celui qui l'avait entrepris, car son inachèvement annonçait la mort de l'inconnu. Pour que son dévouement ne fût pas à jamais perdu, il fallait qu'un prisonnier sût l'arabe ; mais j'avais étudié les langues orientales au couvent des Arméniens, à Murano. Une phrase écrite derrière la pierre, disait le destin de ce malheureux, mort victime de ses immenses richesses, que Venise avaient convoitées, et dont elle s'était emparée.

Il me fallut un mois pour arriver à un résultat. Pendant que je travaillais, et dans les momens où la fatigue m'anéantissait, j'entendais le son de l'or, je voyais de l'or devant moi, j'étais ébloui par des diamants! Oh! attendez. Pendant une nuit, mon acier émoussé trouva du bois. J'aiguisai mon bout d'épée, et fis un trou dans ce bois. Pour pouvoir travailler, je me roulais comme un serpent sur le ventre, je me mettais nu pour travailler à la manière des taupes, en portant mes mains en avant et me faisant de la pierre même un point d'appui. La surveille du jour où je devais comparaître devant mes juges, pendant la nuit, je voulus tenter un dernier effort; je perçai le bois et mon fer ne rencontra rien au-delà. Jugez de ma surprise quand j'appliquai mes yeux sur le trou! J'étais dans le lambris d'une cave où une faible lumière me permettait d'apercevoir un monceau d'or. Le doge et l'un des dix étaient dans ce caveau, j'entendais leurs voix; leurs discours m'apprirent que là était le trésor secret de la République, les dons des doges, et les réserves du butin, appelé le denier de Venise, et pris sur le produit des expéditions. J'étais sauvé! Quand le geôlier vint, je lui proposai de favoriser ma fuite et de partir avec moi, en emportant tout ce que nous pourrions prendre. Il n'y avait pas à hésiter, il accepta. Un navire faisait voile pour le Levant, toutes les précautions furent prises, Bianca favorisa les mesures que je dictais à mon complice. Pour ne pas donner l'éveil, Bianca devait nous rejoindre à Smyrne. En une nuit, le trou fut agrandi, et nous descendîmes dans le trésor secret de Venise. Quelle nuit! J'ai vu quatre tonnes pleines de poudre d'or. Dans la pièce précédente, l'argent était également amassé en deux tas qui laissaient un chemin au milieu pour traverser la chambre où les pièces relevées en talus garnissaient les murs à cinq pieds de hauteur. Je crus que le geôlier deviendrait fou; il chantait, il sautait, il riait, il gambadait dans l'or. Je le menaçai de l'étrangler s'il perdait le temps, ou s'il faisait du bruit. Dans sa joie, il ne vit pas d'abord une table où étaient les diamans. Je me jetai dessus assez habilement pour emplir ma veste de matelot et les poches de mon pantalon. Mon Dieu! je n'en pris pas le tiers. Sous cette table étaient des lingots d'or. Je persuadai à mon compagnon de remplir de poudre d'or autant de sacs que nous pourrions en porter, en lui faisant observer que c'était la seule manière de n'être pas découverts à l'étranger.

— Les perles, les bijoux, les

diamans, nous feraient reconnaître, lui dis-je.

Quelque fût notre avidité, nous ne pûmes prendre que deux mille livres d'or, qui nécessitèrent six voyages à travers la prison jusqu'à la gondole. La sentinelle à la porte d'eau avait été gagnée moyennant un sac de cinquante livres d'or. Quant aux deux gondoliers, ils croyaient servir la république. Au jour, nous partîmes. Quand nous fûmes en pleine mer, et que je me souvins de cette nuit, quand je me rappelai les sensations que j'avais éprouvées, que je revis cet immense trésor où, suivant mes évaluations, je laissais trente millions en argent et vingt millions en or, plusieurs millions en diamans, perles et rubis, il se fit en moi comme un mouvement de folie ; j'eus la fièvre de l'or. Nous nous fîmes débarquer à Smyrne, et nous nous embarquâmes aussitôt pour la France. Comme nous montions sur le bâtiment français, Dieu me fit la grâce de me débarrasser de mon complice. En ce moment, je ne pensais pas à toute la portée de ce méfait du hasard, dont je me réjouis beaucoup. Nous étions si complètement énervés que nous demeurions hébétés, sans nous rien dire, attendant que nous fussions en sûreté pour jouir à notre aise. Il n'est pas étonnant que la tête lui ait tourné. Vous verrez combien Dieu m'a puni. Je ne me crus tranquille qu'après avoir vendu les deux tiers de mes diamans à Londres et à Amsterdam, et réalisé ma poudre d'or en valeurs commerciales. Pendant cinq ans, je me cachai dans Madrid; puis en 1770, je vins à Paris sous un nom espagnol, et menai le train le plus brillant. Bianca était morte. Au milieu de mes voluptés, quand je jouissais d'une fortune de dix millions, je fus frappé de cécité. Je ne doute pas que cette infirmité ne soit le résultat de mon séjour dans le cachot, de mes travaux dans la pierre; si toutefois ma faculté de voir l'or n'emportait pas un abus de la puissance visuelle qui me prédestinait à perdre les yeux. En ce moment, j'aimais une femme à laquelle je comptais lier mon sort; je lui avais dit le secret de mon nom, elle appartenait à une famille puissante, j'espérais tout de la faveur que m'accordait Louis XV; j'avais mis ma confiance en cette femme, qui était l'amie de madame du Barry; elle me conseilla de consulter un fameux oculiste de Londres; mais après quelques mois de séjour dans cette ville, j'y fus abandonné par cette femme dans Hyde-Park. Elle m'avait dépouillé de toute ma fortune sans me laisser aucune ressource, car obligé de cacher mon nom qui me livrait à la vengeance de Venise, je ne pouvais invoquer l'assistance de personne; je craignais Venise. Mon infirmité fut exploitée par les espions que cette femme avait attachés ma personne.

Je vous fais grâce d'aventures dignes de Gil-Blas. La révolution vint. Je fus forcé d'entrer aux Quinze-Vingts où cette créature me fit admettre après m'avoir tenu pendant deux ans à Bicêtre comme fou. Je n'ai jamais pu la tuer, je n'y voyais point; et j'étais trop pauvre pour acheter un bras. Si avant de perdre Benedotto Carpi, mon geôlier, je l'avais con sulté sur la situation de mon cachot, j'aurais pu reconnaître le trésor. Cependant malgré ma cécité, allons à Venise! Je retrouverai la porte de la prison, je verrai l'or à travers les murailles, je le sentirai sous les eaux où il est enfoui, car les évènements qui ont renversé la puissance de Venise sont tels que le secret de ce trésor a dû mourir avec Vendamino, le frère de Bianca, un doge, qui je l'espérais, aurait fait ma paix avec les Dix. J'ai adressé des notes au premier consul, j'ai proposé un traité à l'empereur d'Autriche, tous m'ont éconduit comme un fou! Venez, partons pour Venise; partons mendiants, nous reviendrons millionnaires; nous rachèterons mes biens, et vous serez mon héritier, vous serez Prince de Varese.

Étourdi de cette confidence, qui, dans mon imagination prenait les proportions d'un poème, à l'aspect de cette tête blanchie, et devant l'eau noire des fossés de la Bastille, eau dormante comme celle des canaux de Venise, je ne répondis pas.

Facino Cane crut sans doute que je le jugeais comme tous les autres, avec une pitié dédaigneuse, et fit un geste, qui exprima toute la philosophie du désespoir. Ce récit l'avait reporté peut-être à ses heureux jours, à Venise; car il saisit sa clarinette et joua mélancoliquement une chanson vénitienne, barcarole pour laquelle il retrouva son premier talent, son talent de patricien amoureux. Ce fut quelque chose comme le *super flumina Babylonis*. Mes yeux s'emplirent de larmes. Si quelques promeneurs attardés vinrent à passer le long du boulevard Bourdon sans doute ils s'arrêtèrent pour écouter cette dernière prière du banni, le dernier regret d'un nom perdu, auquel se mêlait le souvenir de Bianca. Mais l'or reprit bientôt le dessus, et la fatale passion éteignit cette lueur de jeunesse.

— Ce trésor, me dit-il, je le vois toujours, éveillé comme en rêve; je m'y promène; les diamans étincèlent; je ne suis pas aussi aveugle que vous le croyez; l'or et les diamans éclairent ma nuit, la nuit du dernier Facino Cane. Mon Dieu! la punition du meurtrier a commencé de bien bonne heure! *Ave Maria...*

Il récita quelques prières que je n'entendis pas.

— Nous irons à Venise, m'écriai-je quand il se leva.

— J'ai donc trouvé un homme, s'écria-t-il le visage en feu.

Je le reconduisis en lui donnant le bras; il me serra la main à la porte des Quinze-Vingt, au moment où quelques personnes de la noce revenaient en criant à tue-tête.

— Partirons-nous demain, dit le vieillard.

— Aussitôt que nous aurons quelque argent.

— Mais nous pouvons aller à pied, je demanderai l'aumône... Je suis robuste, et l'on est jeune quand on voit de l'or devant soi.

Facino Cane mourut pendant l'hiver après avoir langui deux mois; le pauvre homme il avait un catarrhe.

Paris, mars 1830.

UN MARTYR.

LES MARTYRS IGNORÉS.

(Fragment du Phédon d'aujourd'hui.)

SILHOUETTES

DES

INTERLOCUTEURS.

(La scène est au café Voltaire, *place de l'Odéon, à Paris, dans le dernier salon dont les croisées donnent sur la rue de l'Odéon, à côté de* Soleil, *opticien. Tous les soirs, jusqu'à minuit, trois ou quatre savans jouent aux dominos, à la table qui se trouve au fond de la salle, auprès de la croisée, et que l'on a nommée* la table des philosophes.)

Le *docteur* Physidor. Jeune médecin occupé de phrénologie, de l'irritation, de la folie, des aliénés, et voulant se faire une spécialité scientifique. Vingt-sept ans, taille au-dessus de la moyenne, peu coloré, l'œil gris et vif, maigre, la main blanche du penseur qui n'a jamais d'encre aux doigts, teint des blonds, quoiqu'il ne soit que châtain. Né en Touraine, à la Ville-aux-Dames; venu à Paris avec les Velpeau, les Trousseau, etc. Aimant la science, et dès lors plus adonné à la théorie qu'à la pratique. Chapeau à larges bords, longue redingote bleue, gilet jaune, pantalon noir, peu de fortune. Ayant, selon l'expression du docteur *Phantasma*, le doigt de la mort empreint sur le front. Consommant une limonade vers dix heures et demie. Voix de ténor.

Le *docteur* Phantasma. Né à Dijon, et venu à Paris lors de la fameuse discussion sur le magnétisme animal qui souleva la France savante. Vêtu tout en drap noir, mais faisant preuve d'une remarquable incurie; conservant les culottes antiques, fortement plissées, usées, et à petit pont, sous lequel il passe la main gauche en parlant; bas de laine noire drapée; gros souliers dans lesquels il met une semelle de poix de Bourgogne entre deux taffetas gommés afin de ne pas se laisser soutirer son électricité, ce qu'il appelle *être foudroyé par en dessous*; chapeau de soie à onze francs dans un état constant d'horripilation, habit carré à grands pans, portant une grosse tabatière qui, par le fréquent usage qu'il en fait, décout sans cesse la poche gauche de son gilet; montre à chaîne d'acier terminée par un coquillage très connu et par une clé en cuivre. Figure de casse-noisette, ornée des nageoires républicaines, barbe faite deux fois par semaine. Ami du docteur Bouvard, l'un de ceux qui tinrent jadis pour Mesmer et Deslon, et qui, pour ce fait, était encore la bête noire des médecins de Paris. Gai, rieur, aimant la bonne chère, dînant rue Montesquieu, à une table d'hôte suspectée d'être peu difficile sur les femmes qui y sont admises. Logé, depuis trente-huit ans, rue de Condé dans la maison où demeurait Beaumarchais avant qu'il n'allât Vieille-Rue-du-Temple, circonstance qu'il rapporte souvent. Soixante-treize ans, grand et gros; cheveux gris ramenés du bas de la tête sur le front par de longues mèches collées, mais qui, au temps des grandes chaleurs, s'éparpillent drôlement; ridé comme une feuille de vigne, parlant de ses passions, sans parler de ses bonnes fortunes. Organisation vigoureuse, bonne judiciaire, tête carrée, ayant tout lu, médité sur tout. A son aspect, le mot *ganache* expire sur les lèvres de l'étudiant. Consommant une seule demi-tasse de café pendant toute la soirée Voix de chantre.

Grodninsky. Courlandais, lieu de naissance et âge inconnus. Mathématicien, chimiste et inventeur, sans domicile connu, consommant beaucoup. Un air grave qui arrive au sournois, un front beau comme celui que l'on prête à Homère, à Hyppocrate, à Rabelais, à Shakespeare, à tous les grands hommes desquels il n'existe pas de portrait authentique; le teint blafard des hommes du nord, corporence de taureau. Mise peu soignée, cravate noire légèrement huilée par un long usage, voire même écorchée par la barbe. Aspect grandiose, manières polies. Des yeux bleus où se peint la résignation de l'homme méconnu, persécuté. Très en guerre avec l'Institut, admirant Geoffroy St-Hilaire et le proclamant supérieur à Cuvier. Pris par les uns pour un grand génie, et par les autres pour un fin blagueur. Soupçonné d'avoir des fantaisies coûteuses. Respectueusement accueilli par *Physidor* et *Phantasma*, par *le Libraire*, par *tutti quanti* qui paient sa consommation sans qu'il s'en aperçoive. Espèce de *Grand-lama*, mais si véritablement philosophe qu'il est au-dessus des complimens vulgaires; enfin un Platon moderne dont le Socrate est inconnu. Belle voix de baryton.

TSCHOZAN. Allemand. Caractère indéfinissable, tantôt vaporeux comme une ballade, tantôt positif comme Dupuytren, impitoyable pour Kant, flagellant M. Cousin par le knout d'une satire affilée. Plus spirituel que Voltaire et Beaumarchais réunis, et croyant aux apparitions; errant par les rues en inspiré, bête comme tout le monde à ses heures. Observant *Grodninski* avec surprise, un homme entre l'esprit supérieur et le génie, tenant de l'un et de l'autre. Poète, grand politique, et néanmoins plaidant pour les sottises humaines contenues dans le bocal étiqueté du mot *liberté*. Assez courageux pour dire que Faust est un raccroc. Jeune homme blond comme la blonde Allemagne, ayant des yeux qui brillent comme des étoiles. Très-souvent amoureux. Crédule et ne croyant à rien par moment, selon les différens états du baromètre ou du thermomètre. Aimant beaucoup *Physidor* et *Raphaël*, inquiet de *Phantasma* qui reste au port d'armes de la critique, à la façon du dictionnaire de Bayle. Age indécis, costume de journaliste. Petite voix flûtée.

Raphael. Logé rue des Cordiers, au cinquième étage. Pantalon à pied en nankin depuis Pâques jusqu'à Noël, en hiver pantalon de drap poilu; gilet bleu à boutons de métal peu dorés, chemise de calicot, cravate noire, souliers couverts et lacés, chapeau lustré par la pluie, redingote olive. Mangeant rue de Tournon, chez la mère Gérard, à vingt-un sous par dîner, dans un rez-de-chaussée où l'on descend par deux marches. Vingt-trois ans. Figure violente de santé, cheveux noirs, œil d'émerillon, maigre et chétif. Avide de connaissances, les avalant sans digérer, admirant *Phantasma* qui sait tout, plein de respect pour *Physidor* qui médite un système, à plat-ventre devant *Grodninski* qu'il vénère comme un dieu, sympathisant avec le doux, l'aimable, le spirituel *Tschoërn*. Ne consommant rien, et ne voulant rien accepter de la table dite *des philosophes*. N'osant lever les yeux sur la divinité qui trône au comptoir. Six cents francs par an pour le moment, millionnaire dans l'avenir. Crédule, trompé, revenant avec intrépidité vers de nouveaux mensonges; gobe-mouche et perspicace, battu sur le terrain et victorieux sous la tente. Voix de poitrine caverneuse.

Théophile Ormond. Irlandais et très-byronien, long cou, cravate soignée, teint d'Anglaise, prude à l'excès et au régime du copahu. Vêtement plein d'élégance, montre plate, petit lorgnon; passant une demi-heure à la toilette de ses ongles. Fanatique de Ballanche, alors inconnu; haïssant l'Angleterre, et par-dessus toute chose les *saints* (prononcez *seints*) anglais qui invitent *à un thé et Bible*. Une jeune tante de la secte des *saints* lui a fait perdre la succession de son père, en disant mille horreurs de lui, pauvre gentleman, et le peignant comme un coquin, le tout parce qu'on voit beaucoup son tilbury chez une actrice française, quoique fiancé de miss Julia Marmaduke. Voulant le rappel de l'acte d'union, adorant O'Connell et Moore, lequel n'avait pas encore passé à l'aristocratie. Dépensant cinq francs par soirée, et venant après le spectacle, pendant que mademoiselle Lureuil se déshabille et s'habille. Parlant très-bien français, ayant des principes religieux sans aller dans aucune église. Poitrinaire achevé par la Lureuil, actrice de l'Odéon, à laquelle il a laissé en 1827 trois mille livres de rente. Salué par les garçons du café. Voix claire et gracieuse.

LE LIBRAIRE. Ancien commis chez Briasson, le premier libraire de l'Encyclopédie de Diderot, ayant nécessairement connu les collaborateurs de *Monsieur Diderot*. Se croyant obligé d'être athée, parce qu'il a été lié avec M. de Lalande. Ayant traversé les temps malheureux de 1790 à 1815 sur le dos de quatre faillites *non déclarées*, et se plaignant avec amertume des gens qui manquent à payer leurs billets. Maison de campagne à Meudon. Ne s'étonnant d'aucune idée, n'ayant jamais ouvert un livre, escomptant à vingt quatre pour cent, connaissant bien la place, ayant des conceptions d'entreprise, n'entreprenant rien, mais poussant les autres à entreprendre, et se faisant payer ses conseils. Passant pour un homme fort, raisonnant sur tout, donnant d'excellens avis aux gens de lettres. Essayant de savoir ce que fait Raphaël, afin de l'exploiter, s'il a quelque bel ouvrage sur le chantier. Professeur au domino. Soixante ans. Physionomie d'un professeur de rhétorique. Habit marron, pantalon noisette, gilet noir, un diamant à sa chemise, gants de chamois, air franc et ouvert. Voix éteinte. Consommation très-irrégulière.

Étudians. Comparses mobiles, muets au café, mais s'entretenant dans la rue de ce qu'ils y ont entendu.

Le garçon. Endormi sur une chaise après la fermeture de l'Odéon, depuis onze heures et demie, jusqu'au moment où *les philosophes* s'en vont.

HUITIÈME ENTRETIEN.

(Décembre 1827, dix heures et demie du soir.)

(Deux étudians sortant de l'Odéon et venant au café Voltaire. Le premier : « — Tu vas les entendre, et tu verras que ce ne sont pas des conscrits ; mais le plus fort est encore le Russe. Le second : — J'ai vu le maigre à l'école de Médecine. Le premier : — Je dîne chez la mère Gérard avec le plus jeune. Le second : — L'Irlandais est bien heureux d'avoir cette bête de Lureuil ! Comme elle était belle ce soir ! Le second : — Il lui donne trois mille francs par mois, mon cher, et nous l'aurons peut-être pour rien. » Ils se taisent et s'asseyent à une table voisine de celle des Philosophes.)

GRODNINSKY. A-t-on jamais vu temps pareil, toujours humide. Quand viendra la gelée.

THÉOPHILE (*il tire sa montre*). Onze heures, j'ai une demi-heure à moi. (*Les étudians se regardent.*)

PHANTASMA. Double six! à moi la pose.

PHYSIDOR (*à l'Irlandais*). Votre petite Lureuil a bien joué ce soir. — Garçon, ma limonade. — A votre place, dans sa loge, toute habillée en robe de bal comme elle était, je...

THÉOPHILE (*rougissant*). Oh, monsieur le docteur, ce n'est pas *gentlemanly*.

LE LIBRAIRE. Bonjour, messieurs. Qu'avez-vous, mon petit Raphaël? vous avez l'air abattu. Ne nous abattons jamais! Moi j'ai eu des malheurs, savez-vous comment je m'en suis tiré?... par beaucoup de courage. Vous travaillez peut-être trop, il ne faut pas tant travailler, vous n'arriveriez à rien. Ceux qui parviennent ne s'amusent pas à méditer. Mauvais système.

GRODNINSKY (*il regarde le jeu de Phantasma*). Vous avez deux six, un de posé par Tschoërn, le reste est dessous, vous ne pouvez pas gagner.

PHYSIDOR. Avec le calcul, il n'y a plus que trois jeux possibles, le trictrac, la roulette et le craps.

GRODNINSKY. C'est vrai. Là, l'homme combat le hasard. A tous les autres jeux, un nombre de parties étant donné, la science est sûre de triompher.

TSCHOERN. Ne trouvez-vous pas quelque chose de gigantesque à se mesurer avec le hasard.

GRODNINSKY. Le hasard est une puissance bien incomprise ; il représente l'ensemble des mouvemens d'une force qui nous est inconnue, et qui meut le monde. Les joueurs sont des Titans.

LE LIBRAIRE. S'il n'y a pas de hasard, il y a donc un Dieu.

TSCHOERN (*riant*). Il y en a deux. Pour quoi comptez-vous le diable?

LE DOCTEUR PHANTASMA. J'ai rencontré hier une douillette puce...

LE LIBRAIRE. Mâle ou femelle?

PHANTASMA. Elle m'a rappelé un fait à ma connaissance personnelle et qui s'appliquerait au système que (*à Phisidor*) vous nous développiez avant-hier. Avez-vous entendu parler de l'abbé Bouju, qui est vicaire-général de... de... de.... Ma foi! je ne me souviens jamais des diocèses conservés parmi ceux d'autrefois. Eh bien, c'est de lui qu'il s'agit. Il y a quelque quarante ans, mon Bouju était vulgairement parlant *un bon vivant*, ce que les imbécilles nomment un égoïste, comme si nous n'étions pas tous égoïstes de naissance ou par expérience. L'oubli de soi-même est une dépravation. Soit qu'il regardât comme profondément risibles les idées religieuses, soit que tout lui fût indifférent, excepté ses propres jouissances, il ne faisait que ce qui lui plaisait. Il était marié, mais il n'avait pas d'enfans et laissait sa femme seule chez elle, libre de ses pensées, de ses actions : *Va te promener, ma chère amie, fais ce que tu veux et vivons en paix!*

Madame habitait une aile de la maison, et monsieur l'autre. Bouju avait beaucoup d'amis : il allait sans cesse à la campagne, jouait, chassait, faisait des parties, et restait quelquefois six à sept mois hors de chez lui. L'hiver, il dînait toujours en ville, rentrait à deux ou trois heures du matin, et avait une si profonde aversion du chez soi, que quand il donnait à dîner à ses amis, il les recevait chez un traiteur, dans une salle qu'il avait louée. Ce qui paraîtrait singulier à des niais (*les étudians font un soubresaut*), c'est que sa femme était jeune, jolie, d'une excessive sensibilité, pieuse comme toutes les vieilles femmes de Dijon ensemble, enfin, elle était tout sentiment. Bouju lui, était tout plein de cette grosse joie provinciale, assez animale pour barboter dans le même étang, sans penser à changer d'eau ni de boue. Cette femme l'aima d'abord; délaissée, elle se jeta dans les bras de la religion, attendant que Dieu lui ramenât son mari, qui pensait à Dieu comme vous pensez à l'an quarante; il s'en occupait quelquefois dans ses jurons. Bouju (un drôle de nom, n'est-ce pas?) était si bon enfant, si rieur, si boute-en-train, que personne ne blâmait sa conduite avec sa femme. Généralement on expliquait cette bizarrerie par quelque vice de conformation, car la pauvre créature ne se plaignait pas; elle trouvait quelque chose d'immonde à courir après son mari. Elle était riche; elle s'amusait à faire du bien en secret. Bouju faisait aussi du bien en secret, il aimait le tablier et courtisait toutes les servantes. Je n'ai jamais vu de si bon ménage : en sept ans, il n'y eut pas une querelle ; à la vérité ils ne se rencontraient que quand le hasard les faisait sortir ensemble, parfois encore dans un bal où chacun d'eux arrivait de son côté. Madame Bouju avait trente ans quand elle reçut chez elle un cousin de Bouju, M. de Lescheville, caissier de M. Bodard de Saint-James, trésorier de la marine. Le désastre de son patron forçait ce monsieur à quitter Paris, à cause de la rigueur de la jurisprudence commerciale, à l'endroit des lettres-de-change. Bouju le logea chez lui, fort heureux de procurer une compagnie à sa femme. Lescheville était une manière de petit-maître, il devint amoureux de madame Bouju par passe-temps; mais la résistance de la femme pieuse irrita si bien sa fantaisie, qu'elle prit le caractère d'une passion. Combien croyez-vous que dura la lutte? Quatre ans! avant la révolution, remarquez-bien? Madame Bouju fut la plus malheureuse femme du monde précisément parce qu'elle en était la plus heureuse. Elle avait trop de vertu pour goûter des plaisirs sans remords, elle se croyait à jamais damnée. Jamais femme ne sacrifia tant de choses à un homme, et conséquemment jamais femme n'eut de plus vives jouissances. Le silence profond dans lequel sa passion s'enveloppait, la certitude de n'en point laisser de traces, et la longue indifférence de son mari la consolaient un peu. Bouju s'occupait trop peu de sa femme pour la soupçonner; d'ailleurs quelqu'un serait venu lui dire ce qui se passait dans l'aile gauche de sa maison, il en aurait été très-content. Ses idées sur le mariage, sur les devoirs de la femme, étaient connus de tous ses amis, excepté de madame Bouju. Vous direz: c'est un imbécille, un monstre ou un homme très-fort. Bah! rien de tout cela. Vous allez voir. Par un beau matin son valet-de-chambre vint le réveiller à une heure insolite, à cinq heures, en lui disant que madame demandait avec instance à être introduite chez lui.

Bouju très-étonné consentit à recevoir sa femme, et la reconnut à peine, tant elle était changée : elle avait pâli, ses yeux étaient plombés, tout en elle annonçait les ravages d'un remords profond, et des nuits passées à pleurer. La pauvre femme se jette à genoux au pied du lit de son mari ; là, d'une voix étouffée par les sanglots, elle lui dit qu'elle vient lui demander de quelle manière il ordonne qu'elle meure. Bouju fait un saut de carpe dans son lit, et lui dit que son plus cher désir est de la voir heureuse ; quant à mourir, son bon plaisir est qu'elle meure de vieillesse. Cette femme se met à fondre en larmes, tant la bonté de son mari la surprend ; elle lui avoue alors qu'elle sera bientôt mère. Pendant que la pauvre créature s'épuisait en sanglots, en aveux humilians, Bouju s'était enfoncé sous sa couverture, pour ne pas laisser voir l'hilarité qui régnait sur sa physionomie. Il se souvint alors de l'aventure attribuée au duc de Guise (et ce n'est pas faussement, j'ai vérifié le fait). Charles IX avait révélé l'intrigue de la duchesse avec Coconnas, en priant le duc de profiter d'une surprise pour tuer ce seigneur italien; le Balafré fit boire à la duchesse un bouillon en lui persuadant qu'il était empoisonné, s'amusant de ses terreurs pour toute vengeance. Bouju se relève, prend un air grave et sombre : « Appelez votre confesseur, madame, dit-il, faites vos dévotions pendant la journée, et soyez préparée pour ce soir à mourir chrétiennement. Surtout, ajouta-t-il, écrivez votre testament en de tels termes que je ne sois nullement inquiété. »

La pauvre femme lui baisa la main, en y laissant des larmes. Bouju avait dans les nerfs un fluide trop métallique, il ne fut pas ému, sortit de chez lui, déjeuna chez l'un de ses amis, joua toute la journée, donna à dîner à ses compagnons; puis il revint chez lui muni d'une bouteille de vin de Tokay, prise chez le président de Brosses, l'ami de Buffon et de Diderot, qui avait reçu un panier de ce vin d'un certain comte Potocki...

GRODNINSKY. Le mari de la belle grecque, celui qui a bâti Sophiewka.

PHANTASMA (*continuant*). C'était de ce vieux vin que vous nommez vin de succession, qui vaut trois ou quatre louis la bouteille, et dont un seul verre grise un homme. Il fallait à Bouju un vin qui développât dans l'estomac une chaleur violente. Il entre chez sa femme, la trouve résignée et prête à donner sa vie en expiation de ses crimes. Elle supplia Bouju de ne point inquiéter Lescheville. Bouju joua son rôle avec le sérieux que mettent les plaisans de société à leurs mystifications; sa femme but la bouteille de vin de Tokay, se coucha; il la laissa en lui disant familièrement bonsoir, la baisa au front; puis il dit à son valet de chambre d'apporter chez madame ses pantoufles et toute sa toilette de nuit, ni plus ni moins qu'un grand seigneur...

TSCHOERN (*interrompant*). Le prince de Ligne rencontre un matin l'amant de sa femme, et lui dit en partant d'un éclat de rire : — Mon ami, je t'ai joué le tour de passer la nuit avec *elle*.

PHANTASMA (*reprenant*). Ce signe de réconciliation conjugale après douze ans d'indifférence, fit une grande sensation dans la maison. Comme il était alors huit heures du soir, et que Bouju ne comptait venir se coucher qu'à minuit, il alla faire une partie de billard chez le président. A dix heures, ses gens arrivent effarés, le cherchent et lui disent que madame se meurt dans des convulsions horribles, madame est empoisonnée. Bouju se met à rire et dit : — Bon, bon ! le poison est de ma façon. Et il continue de jouer. A onze heures, son valet de chambre revient pour lui annoncer la mort de sa femme. Bouju rit encore et dit : — Elle peut être ivre-morte, mais non morte-ivre. — Cependant, allez, lui dit le président, on ne sait ni qui vit, ni qui meurt ! — Bah ! je vais vous conter la farce, lui dit Bouju. Et de rire, et de jouer. Bouju revint à minuit en s'applaudissant d'un stratagème qui lui permettait de passer la nuit à dormir auprès de sa femme, puisqu'elle était ivre ; mais il la voit si bien morte, que la peur le prend ; il envoie chercher M. Gavet, auquel il raconte l'aventure. Gavet, qui l'écoutait en tenant la main de madame, ne trouve ni pouls, ni respiration; il prend un miroir, l'approche des lèvres, point d'haleine. On mande le chirurgien en chef de l'hôpital, on consulte, je viens; tous les symptômes de la mort se produisent à nos yeux, raideur des membres, pâleur, froid, enfin putréfaction; mais comme il y a des exemples que ces symptômes se soient montrés, comme chez le Lazare, sans que la mort ait lieu, nous fûmes unanimement d'avis d'attendre. Quand il fut impossible de douter de la mort, Bouju réclama l'ouverture. L'autopsie se fit avec un soin minutieux, mais l'observation la plus rigoureuse ne put révéler aucune cause de mort, il n'existait de lésion nulle part : le vin de Tokay avait été parfaitement digéré, le cerveau était d'une intégrité remarquable; le système nerveux disséqué, vu à la loupe, ne présentait pas la moindre trace d'inflammation; les intestins, dans un état parfait; personne de nous ne pouvait dire pourquoi la vie était absente, et d'où venait la mort. La peur produit quelquefois des perturbations dont les effets sont visibles: les cheveux ont blanchi, il y a congestion au cerveau, enfin vous savez... Mais il n'y avait rien ni aux centres nerveux, ni nulle part. Bouju se jeta dans un séminaire, se fit prêtre, donna la fortune de sa femme à Lescheville, et garda la sienne pour pouvoir secourir les malheureux. Il croit à l'immaculée

Conception; il a dernièrement refusé d'être évêque, car il vit confit dans ses remords; il se regarde comme un assassin dont le crime n'a pas été prévu par les lois; il a quatre-vingt-deux ans, je l'ai rencontré, comme je vous le disais, hier au Palais-Royal, enveloppé dans une magnifique douillette de soie puce.

LE LIBRAIRE. Je vais vous raconter une charge d'atelier, qui me paraît aller avec la vôtre, et arrivée ces jours-ci. Écoutez, Raphaël? vous pourrez faire un article de mon histoire, elle vaut cent écus, mon petit; mais vous n'êtes pas un homme de lettres, c'est jeter des perles devant un aigle. Si vous avez la prétention d'être un écrivain, vous mourrez de faim. Il y avait, rue du Mont-Blanc, un portier qui tirait le même cordon depuis trente-six ans. Agé de cinquante-huit ans environ, il avait vu toute la révolution, le quartier le suspectait d'avoir trempé dans les actes les plus violens du terrorisme, il ne cachait point d'ailleurs sa prédilection pour Marat et Robespierre. Cordonnier de son état, il paraissait devoir finir comme finissent les portiers rangés, par une place à Sainte-Périne, lorsqu'un événement imprévu est venu troubler sa vie de portier, de cordonnier, de révolutionnaire.....

THÉOPHILE. Vous autres physiologistes, avez vous réfléchi à l'abâtardissement auquel arrivent les êtres condamnés à vivre dans une boite de six pieds carrés, qui ne reçoit son jour que par une porte donnant sous un portail humide, qui se trouve au niveau du ruisseau de la maison et du ruisseau de la rue; et presque toujours coupée, à six ou sept pieds de hauteur, par le plancher d'une soupente. Vos philantropes s'occupent en ce moment à procurer aux criminels plus de jouissances que n'en ont les honnêtes gens, et personne ne réclame contre l'inhumanité des propriétaires parisiens qui condamnent une créature humaine à vivre dans une prison infecte, et dans une occupation qui produit sur les facultés l'effet de l'ankilose sur les articulations. Aussi, pour combattre les maladies qui les menacent, les malheureux portiers ont-ils recours à mille industries pour animer leur vie. Les uns cultivent des fleurs, les autres s'attachent à des oiseaux, à des chiens. Vos philantropes ont une pitié purement physique.

TSCHOERN. Mais l'intelligence doit prendre soin d'elle-même.

GRODNINSKY. L'espèce humaine vaut-elle ce qu'elle coûte? Il y a trente-trois millions de lieues d'ici au soleil, et sa lumière nous vient en cinq minutes. Malgré la rapidité de cette petite poste, certaines planètes sont si haut placées dans l'éther, que leur lumière ne nous est pas encore arrivée, et il y a des milliards de ces étoiles; qu'est-ce qu'un portier, là-dedans, qu'est-ce que toute l'humanité même?

THÉOPHILE. Lisez Ballanche! Mais laissez le portier, supposez Raphaël dans cette situation, et soumettez-le à la tyrannie d'une idée violente, qu'arrivera-t-il? il sera fou dans huit jours.

RAPHAEL. Vous ne détruisez pas le raisonnement de Grodninsky!

LE LIBRAIRE. Le portier de la rue du Montblanc avait eu dans sa vie un moment de grandeur, il avait présidé jadis une section, et failli devenir un personnage. Sa vie paisible en apparence couvrait une haine horrible contre tout pouvoir qui détruisait son espérance de recouvrer son ancienne position politique. Ce sentiment ignoré agitait violemment son existence, car la lecture des journaux mettait ce faquir de 1793 en communication avec toutes les phases politiques. Ses agitations cachées l'avaient usé, tout autant que son genre de vie : sa loge était petite, il y vivait seul, sans femme, avec un serin pour toute compagnie. Il n'avait pas un seul cheveu sur la tête, son front et son visage étaient si profondément ridés et caractérisés que jamais un peintre n'aurait pu trouver de plus beau modèle pour le Temps. Je n'ai jamais vu rien de plus pittoresque ni de plus menaçant que ce vieil homme quand il balayait le ruisseau. Ses bas mal attachés laissaient voir au-dessous de sa vieille culotte noire une partie de ses genoux, il avait une veste reprisée en cent endroits, et son bonnet de soie noire lui cachait si mal la tête, qu'elle se montrait toute pelée, ridée, avec son expression grimaçante où se peignaient des colères contraintes et un mécontentement diabolique. Au cinquième étage de cette maison, demeurait un jeune artiste, sans sou ni maille, que la duchesse de Berry protège, mais qu'elle n'enrichira pas. C'est un cousin-germain du diable, qui a, d'ailleurs, une ressemblance frappante avec le masque que, vous autres allemands, (*il se tourne vers Tschoërn*) vous prêtez à Méphistophélès....

TSCHOERN (*interrompant*). Vous mettez le doigt sur le ressort qui a fait partir un beau matin les lauriers qui couronnent notre grand Goëthe, son succès vient de ce que tout le monde invente Méphistophélès à sa manière. Ce personnage, en réalité bien au-dessous du moindre Scapin, Crispin ou Lafleur de votre théâtre français, a été grandi, élargi par les idées que chacun avait sur le diable. Après tout, ce bonheur n'arrive jamais à des hommes ordinaires! Mais retenez bien que Tasse est plus beau que Faust, et dites-vous-le les uns aux autres! Continuez!

LE LIBRAIRE. Vous croyez peut-être que ces deux natures, celle de l'artiste et celle du portier, concordèrent; non, au lieu de s'accrocher, elles se heurtèrent. Le portier fut en premier le plus fort dans la lutte sourde qui s'émut entre elles. Au moment où l'artiste avait fait des dépenses dans son grenier, qu'il s'était même endetté pour s'y bien établir, le portier noircit l'artiste dans l'esprit du propriétaire et insista sur l'insolvabilité du pauvre dessinateur qui devait deux termes. Comme le propriétaire était (*il jette un coup d'œil malicieux à ses auditeurs en montrant l'Irlandais*) une façon de *saint* anglais...

THÉOPHILE. Des tartufes pires que les inquisiteurs d'Espagne, ils vous apportent du poison d'une mine douce en vous disant : — Mon ami, c'est pour ton bien! Au lieu de laisser mourir mon père tranquille et heureux, ils ont fait comme la femme du doge dans le Marino Faliero donné ces jours derniers à la Porte Saint-Martin, et qui vient dire à ce pauvre Faliero qu'elle est infidèle quand il allait mourir heureux de la vertu de sa femme. Lord Byron avait eu une grande idée en la faisant fidèle à son mari....

TSCHOERN. Ce n'était pas vulgaire.

THÉOPHILE. Votre poète français a fait de l'esprit là-dessus. Eh bien, ils ont agi comme cette malheureuse, ils ont ôté à mon père mourant la bonne opinion qu'il avait de moi. Ces infâmes *saints* sont des crapauds vêtus de noir, écrasant leurs femmes de leur amour, vénimeux en paroles, rangés, abritant leurs intérêts derrière Dieu, froids comme une pierre de marécage et venant baver sur les divines fleurs de la vertu.

GRODNINSKI (*frappant sur l'épaule de Théophile*). Nous faisons donc de temps en temps notre petit *speech*? (prononcez *spitche*).

LE LIBRAIRE. Le portier eut alors un plein succès en disant que le peintre causait des désagrémens aux gens comme il faut dans les escaliers. Monsieur l'artiste amenait chez lui des créatures infâmes. Les demoiselles de la famille logée au premier rencontraient le matin dans les escaliers des dévergondées sans corset. Ses amis étaient des tapageurs qui fumaient et crachaient sur les carrés, qui réveillaient toute la maison en s'en allant à deux ou trois heures du matin. L'artiste, exécuté avec rigueur, saisi dans ses meubles et congédié, s'en alla travailler chez un de ses amis, un peintre distingué qui lui donna l'hospitalité. Cet atelier renferme deux célébrités en germe, un grand peintre et un homme-de-lettres. L'homme-de-lettres est votre Bouju, mais spirituel, il est incapable de se jeter dans un séminaire; cependant il s'amuse trop, il ne fera rien; il donnera des essais remarquables, des contes, des petites scènes; et les femmes le perdront. Le peintre est un froid plaisant, un homme dans le genre de Grimod de la Reynière, qui, ayant des mains de bois, étreignait dans un café du Palais-Royal, par un rude hiver, le tuyau du poële quand il était rouge, afin de voir un étourdi s'y brûler les mains en l'imitant. Il a pour les bourgeois la même estime que vous pouvez avoir pour les limaces. En arrivant chez son ami, l'artiste y respirait la vengeance et contre son propriétaire et contre son portier. Le peintre et l'homme-de-lettres qui prenait des leçons de peinture, épousèrent sa cause avec chaleur, il y eut une parodie du serment des trois suisses, on jura solennellement de venger l'opprimé. Ce qu'il advint au propriétaire, je vous le dirai en parenthèse. Ce propriétaire était un assez riche pharmacien établi dans le faubourg Saint-Honoré; il avait parmi ses garçons un jeune homme très-joli, dont la tournure était quasi-féminine. Les trois conspirateurs profitèrent de cette circonstance pour ourdir leur vengeance. Une fois qu'ils eurent des renseignemens sur ses idées de *saint*, ils l'attaquèrent dans le cœur de sa religion...

THÉOPHILE. Braves gens!

LE LIBRAIRE. Ils découvrirent en province la famille de ce garçon apothicaire, et firent parvenir au père et à la mère des lettres anonymes, où on laissait planer des soupçons sur l'intimité de leur fils avec son patron....

THÉOPHILE (*il se frotte les mains, il veut parler et trouve la farce si britanniquement plaisante, qu'il ne peut dire qu'un seul mot.*) Pendu! pendu!

LE LIBRAIRE. Eh non, pas ici. La femme du pharmacien fut également avertie des déportemens de son mari. Ce bruit fut sourdement répandu dans le quartier. Les artistes allèrent chacun à leur tour dans la boutique acheter des médicamens en regardant avec curiosité le jeune homme et l'apothicaire. Quelques attroupemens se formèrent le soir devant la boutique. La mystification fut conduite avec tant d'art, que le pharmacien se vit obligé de vendre son établissement et de quitter le quartier. Les artistes s'enquirent de son nouveau domicile, et y expliquèrent la cause de sa retraite. L'infortuné pharmacien fut forcé d'aller en province, poursuivi par la terrible mystification. Dès qu'il tentait de se justifier, ceux qui l'écoutaient se mettaient à rire, excités par les singulières circonlocutions du pharmacien. A l'heure où je vous parle, sa femme ne sait trop à quoi s'en tenir. Par la vengeance exercée sur le propriétaire, vous devez pressentir à quel supplice dut être voué le portier. Un matin, se présente de l'air le plus innocent du monde un garçon coiffeur qui voulut couper les cheveux à toute force à ce vieux chauve; le bonhomme prit l'affaire en plaisanterie et se moqua du perruquier. Le soir, un jeune homme assez bien mis, après s'être enquis si le vieux cordonnier était bien le portier de la maison, le pria de lui faire un grand plaisir et qu'il le paierait bien, c'était un service à lui rendre, enfin il aiguillonna la curiosité du portier, il intéressa son avarice, et quand le vieux chauve demanda de quoi il s'agissait, le jeune homme le supplia de lui donner une mèche de ses cheveux. Cette fois le portier se mit en colère, le jeune homme attisa cette colère par le sang-froid avec lequel il disait : qu'il serait plus court, pour terminer l'affaire, de donner un peu de ses cheveux, et qu'il y mettait de la mauvaise volonté. Quand la rage du portier fut au comble, le jeune homme s'en alla. Le mot avait été donné aux ateliers voisins de celui où s'était ourdie la mystification contre le portier. Dès lors, trois ou quatre fois par jour, et sous les prétextes les plus habilement trouvés, il se présenta quelqu'un qui lui demandait de ses cheveux. Bientôt, la plaisanterie devint double. Le portier furieux, exaspéré, se crut en droit d'administrer des corrections à ceux qui venaient lui parler de ses cheveux; et quand les peintres voulaient faire avoit une mauvaise affaire à quelque ennuyeux, ils l'envoyaient au portier de la rue du Mont-Blanc. Souvent le portier se trouvait aux prises avec des gens ombrageux qui, furieux d'être mystifiés, lui rendaient ses coups ou ses malédictions avec usure, et il en résultait des rixes. Le portier devint hargneux, défiant et sombre; il ne venait pas une seule personne qu'il ne la regardât de travers, et il n'osait avouer ses craintes, ni aux locataires qui le questionnaient, ni à son propriétaire devenu plus farouche que lui. Tous les jours, des passans s'écriaient à sa fenêtre: « Oh! les beaux cheveux! Voilà l'homme aux cheveux! » Dès qu'un inconnu prononçait le mot cheveux, le portier prenait l'éveil. Lorsqu'il en arriva là, les mystifications furent inépuisables. Les peintres persuadèrent à un anglais fort riche, amateur de curiosités, que le portier avait des cheveux de Napoléon. Le quiproquo qui s'en suivit lorsque l'anglais vint parler cheveux au pauvre chauve fut horrible, car jusqu'alors le malheureux n'avait trouvé de persécuteurs que chez les artistes qu'il méprisait; mais il voyait venir sur lui des gens riches, le monde entier se ruait sur son crâne. Une vieille dame, à laquelle on fit accroire que ce vieux révolutionnaire possédait des cheveux de Louis XVI et de Marie Antoinette, vint en équipage le supplier de lui vendre à tout prix les cheveux qu'il avait. La scène fut bien comique, car le vieil homme se mit à pleurer en lui disant : — *Ah! madame.* Elle, voyant là quelque attendrissement royaliste, répondit : *Cher monsieur, une seule mèche! je ne veux pas vous priver de tout!* Un matin, en se levant pour balayer le devant de la maison, il trouva, sur le pas de la porte et dans la rue, un monceau de cheveux coupés que les peintres avaient achetés chez les coiffeurs et répandus de sa loge au coin de la borne. — Il paraît que vous vous êtes fait couper les cheveux, lui dirent plusieurs personnes. — En avait-il des cheveux, celui-là! s'écrièrent des passans. Quelques jeunes gens vinrent, un autre jour, lui demander de l'eau pour empêcher les cheveux de tomber, comme s'il en tenait un dépôt; quand il voulut se fâcher, on lui montra un écriteau à la fenêtre de sa loge. Jamais le génie du mal ne se montra plus fertile en conceptions pour varier une torture : tantôt venait un jeune commis de magasin apporter à ce malheureux des peignes pour ses cheveux, des peignes payés et qu'il voulait à toute force lui laisser; tantôt une innocente grisette, innocente relativement au portier, lui remettait la bouteille d'huile de Macassar qu'il avait achetée hier pour entretenir ses cheveux. Un des *rapins* s'était amusé à contrefaire le portier et à lui susciter un Sosie à cheveux. Il reçut des avis pour venir retirer à la poste des lettres chargées qui lui étaient envoyées de son pays, et il y trouvait des perruques. Les artistes lui adressèrent un médecin qui croyait le trouver malade de la plique, ils avaient mystifié le médecin. Chaque matin en arrivant à l'atelier, les peintres cherchaient une façon neuve d'arriver près du malheureux pour lui parler des cheveux qu'il n'avait pas. Enfin, ils le contraignirent à chercher une loge dans un autre quartier, où naturellement ils firent prendre une autre face à la persécution. On lui demanda comment il avait perdu ses cheveux, il courut des bruits singuliers sur sa vie antérieure; il parut constant qu'il avait été renvoyé d'une excellente maison de la rue du Mont-Blanc à cause de sa calvitie. La dernière plaisanterie à laquelle il succomba fut terrible. Les peintres promirent dix louis à une portière, voisine du chauve, si elle parvenait à lui persuader de se servir d'une pommade à faire pousser les cheveux, en lui affirmant qu'au bout de quinze jours il aurait une belle chevelure. La portière guidée par les peintres commença par lui parler mariage. Au milieu de la seule affection qu'il crut avoir inspirée dans sa vie, il trouva ses cheveux mêlés au cœur de sa prétendue. Aujourd'hui cet homme est fou, il est à Bicêtre, et passe sa vie à se peigner une chevelure imaginaire ; il croit avoir des cheveux :

PHYSIDOR. Cette histoireest celle

de Jacques Clément, de Ravaillac, de Damiens, de l'assassin de Kleber et de celui du prince d'Orange, de Sand, de Louvel.

THÉOPHILE. Quand la pensée serait matérielle comme l'est la lumière, le parfum et l'électricité, cela prouve-t-il contre Dieu?

GRODNINSKI. Non, il y aurait tout au plus à conclure que nous sommes, comme toutes les espèces terrestres, les ouvriers d'une œuvre que nous ne connaissons pas bien.

THÉOPHILE. Puisqu'il en est ainsi, je vais vous raconter un fait qui peut être utile à M. Physidor et qui s'est passé à Dublin, au collége de la Trinité, dans les dernières années du siècle précédent : mon père y était alors. Vous avez tous été au collége, vous savez combien est violente la haine que les écoliers ont contre certains de leurs tyrans; et vous ne serez pas surpris d'apprendre qu'il y avait à la Trinité un homme chargé des exécutions, qui fouettait les condamnés, les enfermait au cachot, les surveillait la nuit, et qui avait eu la sottise de se mettre si mal avec les écoliers, qu'il était devenu leur bête noire. Entre eux et lui, le combat s'envenima. Il les surprenait dans les cours et dans les dortoirs; il les vexait de mille manières, et les écoliers ne pouvaient rien contre lui. C'était un homme gros et court, à face de bourreau, ne riant jamais, une espèce de Denys à Corinthe. Peut-être autrefois avait-il été l'un de ces empereurs romains qui tourmentèrent les premiers chrétiens. On ne pensait qu'à lui jouer de mauvais tours. Enfin les Grands inventèrent une scène capable de lui faire peur et de le corriger de la dureté avec laquelle il accomplissait les sentences. Les jésuites laissaient jouer la comédie pendant les vacances, on faisait les répétitions dans une salle adossée au théâtre où étaient les décorations, les costumes et tout le matériel des représentations. Cet endroit était un sanctuaire où la surveillance ne s'exerçait point, car les acteurs étaient pris parmi les élèves les plus raisonnables. Voici la comédie que l'on résolut de jouer pour le correcteur. Un dimanche après l'office, les conjurés s'assemblèrent dans cette salle, y dressèrent des siéges sur une table et simulèrent les assises. Au bout du tribunal était un billot tendu de noir, entouré de sciure de bois, puis un couperet emprunté à la cuisine, posé sur un tabouret, mais sous lequel on avait caché un sabre de bois recouvert de papier argenté dont on se servait dans les tragédies. Ceux qui avaient le plus à se plaindre du correcteur étaient là silencieux et immobiles. Quand la victime amenée sous un prétexte plausible, se vit en présence de ce tribunal, elle fut prise d'un horrible saisissement. On lui fit une allocution pour lui donner à entendre que c'était grave, qu'il devait se défendre, et surtout que tout appel au dehors était inutile : on lui montra les ouvertures bouchées avec des matelas, on lui montra le billot et le couperet, auprès duquel se tenait un écolier gigantesque chargé de jouer le rôle du bourreau ; on lui montra des cordes pour l'attacher, des mouchoirs pour lui bander les yeux ; on lui promit qu'en cas de condamnation capitale, l'élève qui lui trancherait la tête ferait en sorte de s'acquitter habilement de ses fonctions. L'homme resta muet, mais muet comme un muet de naissance. On prit son mutisme pour la contenance d'un homme fort. Le procès fut donc instruit, et l'accusé fut invité à se défendre, mais il ne dit pas un mot, ne fit pas un signe. Le tribunal le condamne à mort et lui demande s'il se repent : muet ! On veut lui faire promettre d'être à l'avenir plus doux, plus humain, et qu'alors on lui ferait grâce : muet ! Il fut considéré dès lors comme un criminel endurci. On l'attache : muet! On lui bande les yeux, on l'agenouille devant le billot, on lui pose la tête dessus, il se laisse faire. L'élève qui jouait le bourreau prend le sabre de carton, lui en donne un coup très-léger sur le chignon ; les élèves secouent alors le pauvre diable, il reste immobile; ils veulent le relever, il était mort. Cela fit une affaire épouvantable, mais elle fut étouffée : il y avait vingt jeunes gens compromis, on ne pouvait pas les pendre tous ; il s'y trouvait d'ailleurs des fils de lords. Le coroner fit une enquête où il fut établi que l'homme était mort d'apoplexie.

GRODNINSKI. Sabre de bois! votre allusion est directe.

TSCHOERN. J'ai mon histoire aussi! Les vôtres ne sont pas dignes de délier les cordons des souliers de la mienne. J'étais à Londres, il y a peu de temps. On m'avait fait accroire qu'il s'y trouvait une grande dame célèbre par son talent pour faire revenir les morts; mais c'était une plaisanterie anglaise relative à un goût dépravé. Si mon cher Hoffmann, un Berlinois que vous ne connaissez pas encore, mais qui viendra prendre ici son picotin de gloire, comme tout le monde; si mon conteur avait connu cette aventure, nous posséderions un chef-d'œuvre digne du Casse-Noisette, de Maître Floh, de l'Homme au sable et du Petit Zach! Le souvenir de ce génie me trouble. Aussi vous dirai-je mon histoire avec la précision d'un astronome écrivant dans l'annuaire du Bureau des Longitudes. Pendant mon séjour, je rencontrai à Londres un mathématicien, un chimiste, un encyclopédiste enfin, qui sait tout, même un peu de mathématique, et qui me raconta ceci. (*Grodninsky jette à Tschoërn un regard soupçonneux.*) Il existe en ce moment à Londres un chimiste anglais, réputé fou, parce qu'il tente des expériences sur la pensée, considérée comme substance lumineuse, conséquemment colorée, de la nature des fluides impondérables, analogue à l'électricité, mais plus subtile. (*Sa-*

dressant à Physidor.) Etes-vous content de ce savant-là? Il abondait joliment dans vos recherches. Vous jugez s'il devait être pris à Londres pour un fou. Aussi sa famille le faisait-elle traiter par un médecin, mais sans qu'il s'en aperçut. Le médecin venait dîner, et l'observait à table, ce qui est une excellente manière d'examiner les malades. Il ordonnait alors les choses relatives au traitement, qu'il variait d'après les phases de lucidité de son patient. La mère, la femme, le beau-père du chimiste, lui faisaient avaler les horribles remèdes de la pharmacopée anglaise, à son insu. Vous ne savez peut-être pas qu'il y a dans la société anglaise beaucoup de fous que l'on n'enferme point et nommés *excentri-*

ques; ce sont des gens à idées bizarres; et ce chimiste était classé parmi ces honorables ornemens de la société. (*L'Irlandais fait un signe affirmatif*). Laissons-le pour un moment. Dans un autre quartier de Londres, un pauvre diable devint fou; mais comme c'était peut-être un cordonnier politique, on le mit à l'hôpital des fous afin de le guérir publiquement. Il faut être riche pour devenir *excentrique*. Cet homme ne sentait plus son âme dans son corps, il la voyait entre les mains d'un opérateur qui la lui avait soutirée et la retenait dans un bocal pour faire des expériences, et il décrivait ces expériences. Selon lui, l'enchanteur lui enlevait telle ou telle faculté, le privait du pouvoir de parler, et il demeurait muet; du pouvoir de composer, de colorer sa parole par des images, et il n'avait plus d'idées, et il se taisait; puis un pouvoir surnaturel le forçait à exprimer des sentimens commandés, il se mettait en colère, il parlait amour ou religion, politique ou pommes de terre; enfin il analysait les élémens de la pensée, en nommant ceux dont l'inconnu le privait, ce qui parut aux médecins le comble de la folie. Ils étaient peut-être de la secte des *saints*. Cet homme dépeignait les idées comme un naturaliste aurait dépeint les mammifères, les insectes, les rayonnés, les articulés. Sa folie fit grand bruit, les médecins anglais en parlèrent entre eux. Il y en eut un qui prétendit que c'était un chien échappé de chez Magendie sans sa cervelle. Il advint naturellement que le médecin qui soignait le chimiste rencontra le médecin de l'hospice des fous. Le médecin de l'*excentrique* pensa que l'enchanteur qui opérait sur ce fou, pouvait être son malade; il en parla à ses confrères dont la curiosité fut vivement piquée. En flattant ce qu'ils appelaient l'*excentricité* du chimiste, ces médecins obtinrent de pénétrer dans son cabinet et dans le laboratoire où étaient ses appareils. Quel fut leur étonnement de voir, parmi bien des bocaux, une fiole étiquetée du nom du pauvre diable enfermé dans l'hospice. Ils voulurent faire une expérience à laquelle nous eussions tous pensé, ils supplièrent le chimiste de rendre l'âme qu'il avait prise au corps à qui elle appartenait, et il y consentit en disant qu'il pouvait la reprendre à volonté; que d'ailleurs il y tenait peu, parce qu'elle *absorbait très-peu de matière éthérée*. Mais, à la grande stupéfaction des médecins, à l'heure où le chimiste rendit la liberté à l'esprit du pauvre diable, celui-ci déclarait avoir recouvré l'exercice de son âme, et témoignait une vive joie. En ce moment, quelques savans anglais travaillent sur cette première donnée, à laquelle nous devrons probablement une nouvelle nomenclature chimique.

(Tous se regardent avec étonnement, comme pour se demander si T'schoërn ne les mystifie point).

PHANTASMA. Libraire, une partie de dominos?

(*Un moment de silence*).

GRODNINSKY. Garçon, un journal quelconque.

PHYSIDOR. Messieurs, je ne crois pas que Tschoërn veuille se moquer d'une grande croyance et d'une belle science! Je n'attendais pas moins de vos riches mémoires, je vous remercie d'avoir recherché les faits susceptibles de corroborer ma doctrine, qui dans sa plus simple expression tend à considérer les idées comme le produit d'un fluide lequel soit dans sa génération, soit dans ses effets, offrirait des analogies avec les phénomènes de la lumière; mais nous n'en avons observé, remarquons-le bien! que l'action délétère ou malfaisante...

PHANTASMA. L'action bienfaisante et régulière donnerait alors le génie et la vertu.

PHYSIDOR. Vous avez raison. Une idée est donc le produit du fluide nerveux qui constitue une circulation intime, semblable à la circulation sanguine, car le sang engendre le fluide nerveux, comme le fluide nerveux engendre la pensée. Mais il y a des abus dans l'une comme dans l'autre. Ces abus se nomment *maladie* pour le sang, et *folie* pour la pensée.

PHANTASMA. Ici, vous vous prononcez trop, novateur!

PHYSIDOR. Mais n'y a-t-il pas des idées pernicieuses qui, introduites dans le système où s'élabore la pensée, la vicient et la pervertissent? N'est-ce pas ce que vous venez de démontrer? On change la nature de la pensée comme on pourrait changer la nature du sang en donnant à un homme telle maladie indiquée. Cette expérience qu'aucun médecin ne peut, ne doit, ni ne veut faire, les passions la font, comme les fanatismes font l'autre expérience sur la pensée. Quand un médecin à haute perspective voudra synthétiser ses observations, il vous décrira comment tel jeune homme, destiné à vivre cent ans, est mort à trente ans poitrinaire, par quel abus celui-ci est mort d'une hépatite qu'il n'aurait jamais eue si... etc. Mais je vous dois, messieurs, de vous dire comment s'est déterminée ma vocation, et je vais vous raconter le fait qui exerça la plus grande influence sur la direction de mes études. Vous allez entendre un médecin digne du grand Vésale, me faire des confidences qui ont été comme les dernières fleurs que l'intelligence ait jetées sur ses lèvres. En 1821, je revenais à Tours pour la troisième fois depuis mon départ pour l'École de médecine, et pendant chaque vacance je ne manquais jamais de visiter un vieil ami de ma famille, un de ces personnages si complètement romanesques qu'on ne peut croire à leur existence qu'en leur touchant la main. Ce personnage était un vieux médecin âgé d'environ quatre-vingt-dix ans qui demeurait dans une de ces rues étroites situées autour du carroi Saint-Martin et qui mènent à la Loire. Sa maison avait une petite porte pleine dans sa partie inférieure et grillée par en haut. Quand j'allai lui faire ma visite, je pus donc l'apercevoir à travers les barreaux de sa grille, et crus me dispenser de sonner en l'appelant par son nom, car il était sur la porte de la salle basse. Il ne me répondit pas, je sonnai très-fort; mais il ne remua point et resta planté sur ses pieds, devant la porte d'une salle basse. La cour était si petite, qu'à peine existait-il entre nous un intervalle de quelques toises. En examinant ce grand vieillard vêtu de drap noir, habillement qui faisait ressortir ses cheveux blancs, en le voyant immobile et les yeux ouverts, j'eus un vague sentiment de peur. Il n'était pas moins ruiné que ce vieux logis crevassé, garni de treilles dont les pampres lui caressaient le visage en courant au-dessus du linteau de la porte. Le clair-obscur de la salle où régnait un jour doux et où j'apercevais les meubles, le carreau blanc, la cheminée de bois que je connaissais depuis mon enfance, formait le fond sur lequel il se détachait comme un portrait. Au premier étage s'étendait une galerie de bois à vieux balustres fendillés dans lesquels s'entortillaient les sarments de la vigne; d'un bout à l'autre de cette galerie se trouvaient des cordes tendues à sécher le linge; l'escalier qui y conduisait était extérieur, préservé de la pluie par un appentis, et situé le long d'un mur latéral qui faisait face au jardinet du docteur. Sous le rectangle décrit par cet escalier étaient un vieux cabriolet qui n'avait pas servi depuis quinze ans, des bûches soigneusement rangées, des fagots, des fûts, de vieilles futailles, puis des ardoises pour réparer les toits. Le jardinet était fermé par une grille de bois qui permettait d'apercevoir les carrés bordés de buis et d'arbres fruitiers taillés en quenouille, et les espaliers, cette jolie tapisserie de tous les murs en Touraine. Pendant les intervalles de silence qui s'écoulaient entre le moment où j'appelais ce vieillard par son nom, et le moment où je recommençais sans obtenir de réponse, j'examinais ces détails empreints de je ne sais quelle bonhomie rehaussée par la propreté qui respire en province, où, pour employer le temps, on donne aux choses autant de soins qu'aux êtres. Un séjour à Paris fait comprendre le prix de la naïve et calme vie de province. Autrefois ce spectacle ne me disait rien. Ma peur, un instant distraite par ce tableau, fut bientôt augmentée par l'aspect du personnage principal qui me regardait sans me voir, et dont l'immobilité ne se démentait pas. Etait-il mort, et s'était-il froidi debout dans un équilibre parfait? Je demeurais en de croissantes perplexités, quand une femme enveloppée d'une coiffe, la pelisse des tourangelles, et qui revenait de la messe son livre d'heures à la main, déboucha par la rue du Mûrier; elle se hâta de venir en me voyant à la porte. Mademoiselle Ducormier, gouvernante du vieux médecin, me reconnut aussitôt; mais ni ses exclamations, ni le colloque qui s'ensuivit entre nous, rien ne tira le docteur de sa rêverie. — Qu'est-il donc arrivé au bonhomme? lui dis-je en le lui montrant. — Dame, il est ben vieux, que voulez-vous, il est quasiment comme un enfant, et reste des heures entières à regarder ses pavés, son escalier ou le carreau de la salle; c'est des idées qu'il a! J'étais entré, je saluai le vieil ami de mon père, il me prit la main, la mit dans la sienne en me regardant avec une attention partagée entre ma personne et les pensées sur lesquelles il méditait. — Ha! ha! c'est vous, dit-il enfin en laissant échapper un de ces sourires de vieillard comparables à des aurores boréales dans les neiges, et il me frappa dans la main. Vous venez de Paris? — Oui, lui répondis-je. — Nous revenez-vous bien savant? avez-vous appris ce qu'il faut savoir, pour être un grand médecin? Il suffit d'une seule chose, mon enfant, faire concorder l'estomac et le cerveau : le savez-vous? Après ces demandes faites d'un ton où la raillerie se mêlait à je ne sais quelle bonhomie de vieux médecin, il me fit rentrer dans la salle et nous nous assîmes devant la cheminée. —

Vous ne m'avez donc ni aperçu ni entendu, lui demandai-je, quand j'ai frappé à votre porte, et que je vous ai appelé? — Ha! si fait. Puis il me dit après une pause. La science marche-t-elle? — Mais tout marche! lui dis-je. — Non, me répondit-il. Il décrivit rapidement un cercle en l'air avec son index et me dit : — Les anciens avaient raison, voilà le monde. Je ne me souviens pas d'avoir vu quelque chose de plus apocalyptique que le fut à mes yeux ce geste en harmonie avec ce nonagénaire décrépit, desséché, de qui les yeux reprirent momentanément un éclat effrayant. — Vous êtes jeune, reprit-il en me jetant un regard plein d'amitié brusque, j'ai beaucoup connu votre père, je vous ai soigné pendant votre enfance, je vous aime comme si vous étiez mon fils; je puis donc vous dire des choses que je ne confierais point à d'autres, car vous ne voudriez pas me chagriner. Savez-vous ce que je voyais dans ma cour, sous mes pavés? il s'est levé de là, ce matin, des morts avec lesquels je causais, des personnes que j'ai soignées, que j'ai vues à leur agonie, pour lesquelles la science était impuissante, et sur lesquelles (ne dites jamais ceci) j'ai fait des expériences importantes. Dois-je avoir leur mort sur la conscience? je les avais évoquées pour le leur demander. — Vous croyez donc à l'apparition des morts? — Oui, dit-il avec un accent de conviction, j'en ai des preuves incontestables.— Mais comment ces apparitions peuvent-elles avoir lieu?

—« Hé, me répondit le vieux docteur, si rien ne s'anéantit physiquement, à plus forte raison les essences, les qualités, les forces restent-elles! Les idées n'ont-elles pas une vie plus durable que ne l'est celle des corps? Les facultés se transmettent d'une vie à l'autre; aussi ceux qui peuvent évoquer les morts, les revoient-ils dans leurs facultés et non dans leurs formes; mais les facultés rappellent la forme. Petit! pour arriver dans le monde des morts, il faut avoir à la main le rameau vert et s'être revêtu de la robe blanche. Ceci est la fiction, mon enfant, me dit-il, c'est l'image qui peint l'état dans lequel un homme doit se mettre pour s'élever au-dessus des Formes et des Espèces. La robe blanche exprime la sobriété, la continence, la pureté qui prolongent la vie et entretiennent les forces toujours actives, toujours vertes. Le rameau est le symbole des avantages qui résultent de ces qualités, admirables fructifications, *semper virentes*! Aujourd'hui les hiéroglyphes ne sont plus gravés sur les marbres d'Egypte, mais dans les mythologies qui sont des verbes animés. Croyez aux sciences occultes! le plus grand nombre des hommes les nient, rien de plus naturel; elles ne sont connues que par des hommes clair-semés dans l'humanité, comme dans une forêt les arbres qui restent verts quand les autres sont dépouillés; Bécher, Stahl, Paracelse, Agrippa, Cardan sont de ces hommes incompris, incompris aussi bien que les alchimistes, accusés tous de chercher à faire de l'or! Faire de l'or était leur point de départ; mais croyez-en le témoignage d'un vieux savant, ils cherchaient mieux, ils voulaient trouver la molécule constitutive; ils cherchaient le mouvement à son principe. Dans les infiniment petits, ils voulaient surprendre les secrets de la Vie universelle dont ils apercevaient le jeu. La réunion de ces sciences constitue le Magisme, ne le confondez pas avec la magie. Le Magisme est la haute science qui cherche à découvrir le sens intime des choses, et qui recherche par quels fils déliés les effets naturels s'y rattachent.

GRODNINSKI. Vous arriverez quelque jour, en France, aux concordances de Swedenborg.

PHYSIDOR. Tout ici bas a sa vertu, c'est-à-dire sa force, les strychnos comme les roses de Provins, et les marbres aussi bien que les hommes, comprenez-vous? Eh bien! ces forces correspondent entre elles, vont à des centres. Y êtes-vous? Le magisme est la science qui vous révèle la marche de ces forces; nous pouvons alors en user, et l'on voit alors les âmes. » J'étais comme hébêté en écoutant ces phrases incomplètes qui ressemblaient à la nuit de la pensée, et faisaient supposer le jour; un peu plus, et tout devenait lucide. A l'état de mes yeux, le vieillard s'aperçut de la tension de mes forces morales, et me dit en souriant : — Laissons cela, je n'en parlais qu'avec ce pauvre Saint-Martin qui s'est laissé mourir, et qui avait des connaissances en ce genre; nous avions formé le projet d'aller dans les Indes, mais il n'était pas assez entreprenant, quoique Tourangeau. — Eh bien! lui dis-je pour le remettre sur la voie, que vous ont répondu vos morts? Il tressaillit, et fit le geste d'un homme qui reprend le fil de ses idées. — Je voulais vous dire un secret, le voici. La pensée est plus puissante que ne l'est le corps, elle le mange, l'absorbe et le détruit; la pensée est le plus violent de tous les agents de destruction, elle est le véritable ange exterminateur de l'humanité qu'elle tue et vivifie, car elle vivifie et tue. Mes expériences ont été faites à plusieurs reprises pour résoudre ce problème, et je suis convaincu que la durée de la vie est en raison de la force que l'individu peut opposer à la pensée; le point d'appui est le tempérament. Les hommes qui, malgré l'exercice de la pensée, sont arrivés à un grand âge, auraient vécu trois fois plus long-temps en n'usant pas de cette force homicide; la vie est un feu qu'il faut couvrir de cendres. Penser, mon enfant, c'est ajouter de la flamme au feu. La plupart des individus qui ont dépassé cent ans, s'étaient livrés à des travaux manuels et pensaient peu. Savez-vous ce que j'entends par penser? Les passions, les vices, les occupations extrêmes, les douleurs, les plaisirs sont des torrens de pensées. Réunissez sur un point donné quelques idées violentes, un homme est tué par elles comme s'il recevait un coup de poignard. Un jour, j'étais au chevet d'un de mes bons amis, M. Desgranges. Vous avez connu M. Desgranges? Il était sujet à une angine de cœur, personne ici n'en savait rien; il faut être grand praticien pour se connaître aux symptômes de cette affection. Le cœur est un organe où passe notre sang; mais en tant qu'organe il est spécialement nourri par des veines qui lui donnent le sang dont il a besoin pour lui-même; il a ses affluens nourriciers, comme les jambes, le cerveau, la main ont les leurs; quand les deux vaisseaux qui le nourrissent s'oblitèrent, il peut manquer de sang pour lui-même, son action peut alors s'arrêter, et mon homme crève, sans douleur, subitement : voilà l'angine! Vous comprenez dans quelles conditions se trouvait M. Desgranges. En cet état, le mouvement de monter ou celui de descendre, hausser le ton de la voix, toute chose violente cause immédiatement la mort. Je lui avais recommandé de rester au coin de son feu, pour ne pas gagner de rhume; nous étions dans l'hiver de 1789, et un rhume qui l'aurait fait tousser l'aurait contraint à des mouvemens violens; alors, votre serviteur! Il aimait l'argent le bonhomme, il tenait plus à ses écus qu'à ses enfans : — Je puis avoir des enfans, disait-il, et je ne saurais refaire ma fortune ! Il était goguenard. Sa nièce, madame Lourson, vint lui dire devant moi, sans précaution, que le général des finances faisait faillite. Desgranges lui avait donné ses fonds. Paf! mon homme meurt, tué par un mot, par une pensée, comme s'il était atteint par la foudre; il n'a ni crié, ni blémi, ni remué; à peine son œil s'est-il convulsé, jamais je n'ai vu la mort opérer si promptement. J'avais depuis vingt ans prédit que Desgranges mourrait ainsi, plein de vie et de santé. Ici, j'ai passé pour un grand médecin, pour un sorcier. Vous comprenez, cher enfant, que pour moi l'immatérialité de la pensée était depuis long-temps une niaiserie à me faire pouffer de rire, *in petto*, s'entend. Pour moi, la pensée était un fluide de la nature des impondérables qui a en nous son système circulatoire, ses veines et ses artères; par son affluence sur un seul point, il agit comme une bouteille de Leyde, et peut donner la mort; un homme peut le tarir dans sa source par un mouvement moral qui dépense tout, comme on peut tarir celle du sang en s'ouvrant l'artère crurale. Ce feu de notre organisation est modifiable. Pensez beaucoup, vous vivrez peu; ne pensez point, vous serez de vieux os. Pour établir mes expériences, je courais à cinquante lieues à la ronde afin d'assister à la mort des centenaires que je connaissais. Pendant quinze ans, j'ai peut-être analysé soixante centenaires : presque tous avaient le cerveau *hydriaque*, mot que je forge pour vous aider à comprendre mon idée : ils avaient tous une cervelle humide où la pensée était lente ; tous étaient des gens habitués à des travaux mécaniques, à un régime sobre qui jetait peu d'huile sur le feu ; car dans les hautes régions sociales, la nutrition est violente, phosphorique, elle amène dans l'organisation des principes excitants qui accélèrent son jeu, lui font produire outre mesure des forces pour la pensée comme pour l'action. Mes centenaires, manœuvriers, ou labourcurs mangeaient peu et des choses peu substantielles, ils entretenaient la vie et ne l'aiguillonnaient pas. Je cherchai les applications de ce grand principe. M. Mariette, que votre père a bien connu, était attaqué par une maladie dans le traitement de laquelle échoue la médecine : il avait un ramollissement au cerveau. Dans ce cas la mort arrive subitement comme dans l'angine du cœur : une pensée trop violente, une nouvelle, comme celle qui avait tué M. Desgranges, peut déterminer la mort. Je veillais M. Mariette, j'allais le voir tous les jours, et j'observais les symptômes de sa maladie, ces contractions du bras, ces pesanteurs dans l'humérus qui correspondent à la partie attaquée dans le cerveau. Ce bonhomme avait un fils à l'armée, son fils était l'aide-de-camp d'un général soupçonné de trahir la république; il fut mandé à Paris avec ce pauvre Custine : tous deux furent accusés, condamnés et exécutés. J'avais recommandé que l'on cachât la nouvelle au père Mariette. Mais un matin que j'étais allé le voir, un de ses voisins vint pour le consoler, et prit de ces circonlocutions pathétiques qui agrandissent la fosse des morts; je lui fis signe de se taire; mais quand il fut parti, le bonhomme voulut savoir ce dont il s'agissait, je le lui dis, il mourut foudroyé. Ces deux hommes, M. Desgranges et M. Mariette, étaient dans des conditions pour ainsi dire physiques et qui les rendaient vulnérables; mais les conditions morales ne sont-elles pas plus favorables encore à l'invasion de la mort conduite par la pensée? Cette preuve ne se fit pas attendre. Je soignais un vieux monsieur qui, après avoir fait les guerres du règne de Louis XV, n'y avait récolté que des chagrins. Quoi qu'il eût beaucoup souffert dans ses campagnes, ses services avaient été méconnus; il avait servi sous M. de Richelieu, et il avait été en Amérique avec M. de Rochambeau. Pour toutes ses blessures et ses fatigues, M. de Bomère avait obtenu la croix de Saint-Louis, encore par grâce, et sur la recommandation de la reine Marie-Antoinette. Le pauvre gentilhomme vivait de peu dans une petite maison de la place Saint-Venant; mais il était si insupportable que la société l'avait abandonné peu à peu. Sur la fin de ses jours, ses gens le quittèrent. Une vieille servante à moitié sourde resta près de lui parce qu'elle n'entendait que les trois quarts de ce qu'il disait, encore était-ce assez pour qu'un certain jour elle parlât de s'en aller aussi! Le pauvre homme était hypocondriaque au dernier degré. Chez aucun sujet je n'ai vu d'hypocondrie aussi développée : il changeait vingt fois d'humeur dans une demi-journée, et tout son esprit était employé à agrandir et à varier ses plaintes. Moi qui l'étudiais, je n'ose pas affirmer qu'elles fussent chimériques, tant il précisait ses douleurs, tant il m'en expliquait savamment les causes. J'étais, comme vous le pensez, le seul être qu'épargnât sa verve caustique, souvent élégiaque, car il jouait tous les rôles, il épuisait tous les moyens pour exprimer le travail intérieur qui le martyrisait: tantôt il cherchait à attendrir par le récit de ses souffrances, tantôt il essayait d'effrayer, employant tour à tour la malice de l'enfant, l'art du comédien, la puissance de l'homme, la rage du révolutionnaire, la résignation de la femme, déployant sous toutes les formes un génie qu'il était loin d'avoir à l'ordinaire. J'ai fini par croire que cette maladie avait sa cause dans le système nerveux, et pouvait, par des lésions inconnues, donner alternativement toutes les douleurs desquelles ce pauvre homme se plaignait. Les raisons et les observations sur lesquelles mon opinion s'appuie feraient la matière d'un livre, je ne saurais donc vous les dire. *Non est his locus*, ajouta-t-il en souriant et prenant une prise de tabac. Ce que j'observais avec un profond étonnement, mon enfant, reprit-il, était le fait dont je n'avais eu que deux attestations majeures, mais qui, chez M. de Bomère, se représentait journellement, à savoir, la qualité vénéneuse de la pensée. Son cerveau, son âme, son cœur, son sentiment, son intelligence (selon moi, ces mots expriment les faces diverses d'une même chose), eh bien! disons toutes ses forces autres que ses forces corporelles (mais les forces morales n'absorbent-elles pas les forces physiques, en résumant tout dans la tension de je ne sais quel organe, est-ce le cerveau? est-ce le grand sympathique? aujourd'hui, je suis bien rouillé sur mon propre système); eh bien! lorsque la somme de ses forces était amassée sur un point, par une pensée, je tenais dans ma main sa vie, je pouvais lui donner la mort par un mot. J'étais comme un magicien, j'avais la baguette de Moïse. Croyait-il être en danger de mourir? si je lui avais dit: appelez votre confesseur! il serait mort à l'instant même. Sa vie était une flamme visible, sur laquelle je pouvais souffler, ou que je pouvais activer à mon gré. Un *non* ou un *oui*, dans certains cas, eussent été comme des coups de pistolet tirés au cœur. Sa volonté, ce magnifique attribut de l'homme, n'était plus à lui, mais à moi, je pouvais en user comme d'une chose à moi. Enfin, j'étais *lui*, sans qu'il pût être *moi*. Comprenez-vous bien ce singulier état? Maintenant laissez-moi vous suspendre l'épée au-dessus de ce Damoclès. M. de Bomère avait un tel attachement pour le roi et la reine, qu'il ne vivait que par ces deux êtres; lui annoncer quoi que ce soit de nuisible ou de malheureux pour la famille royale, c'était le blesser à mort. Son fanatisme allait presque à la démence; il ne priait point pour lui, il ne croyait point à Dieu, en bon voltairien qu'il était; mais il priait pour eux, en cas, disait-il, qu'il y eût quelque chose là-haut qui concernât le roi. En 1793, il croyait que le roi et la reine florissaient à Versailles. Certain que la moindre nouvelle de la mort du roi ou de la reine le tuait raide, je n'avais rien négligé pour qu'il vécût dans la plus profonde ignorance des affaires du jour. Je lui avais fait changer de logement. Au lieu de demeurer sur la rue, il s'était établi dans un appartement qui donnait sur un jardin, dans la maison qui lui appartenait, place Saint-Venant; il avait renvoyé ses locataires le jour où je lui avais prouvé que le moindre bruit nuisait à sa santé. Je lui avais défendu toute espèce de promenade au dehors. Sa servante était prévenue, elle soustrayait tout ce qui pouvait dissiper son erreur. Un jour, sans moi, il allait mourir, il voulait savoir pourquoi et comment elle avait payé une somme assez forte relative à l'*Emprunt forcé*, et il avait dit des choses si dures à la pauvre fille qu'elle voulait lui montrer l'avis de la commune de Tours, sur lequel il y avait RÉPUBLIQUE FRANÇAISE, an II, *liberté*, *égalité*, et adressé au *citoyen Bomère*. J'entrai fort heureusement dans ce moment, je lui dis que la colère le tuerait, et que je vérifierais le compte pour lui. Désormais je fis ses affaires. Malgré nos précautions, il trouva une pièce de deux sous à terre, une pièce de deux sous sur laquelle il y avait « République française » et le bonnet de la liberté sur un faisceau. Et il se croyait sous le règne de Louis XVI! J'arrivai précisément au moment où il avait fait des réflexions infinies sur cette pièce dont le millésime était 1793. J'essayai de l'abuser par une dissertation d'antiquaire, en prétendant que c'était une pièce romaine. Mais il me l'arracha des mains en disant d'un air ironique : — *Avec des mots français*. Il avait, comme tous les malades de cette espèce, le génie de l'interrogation et un certain esprit de déduction qu'il était difficile de tromper. Toutes les fois qu'il s'agissait de lui, de sa maladie, j'en faisais ce que je voulais ; mais si nous avions parlé de la guerre d'Allemagne, et que j'eusse essayé de le contredire sur un point, il m'aurait parfaitement battu. Mes mensonges n'eurent pas le pouvoir de l'abuser; car je ne pouvais répondre à une question qu'il reproduisait sans cesse : Que sont devenus le roi et la reine, le dauphin et les princes? Il fallut le préparer à apprendre, non pas les événemens dans toute leur horreur, mais la mort du roi. Cependant le trône ne pouvait pas être vacant. Pressé de questions, je fus obligé de dire la vérité en la lui voilant. Chacune de mes paroles était un coup de massue; je le rouais et je voyais la mort s'emparer de lui. Malgré tous mes efforts, quand je lui dis que la reine avait été exécutée, il s'écria : *la reine aussi!* Je n'ai jamais entendu de cri pareil.

Le vieux royaliste s'appuya la tête sur son fauteuil et mourut. Voilà les trois faits qui m'ont le plus frappé, quoique de 1797 à 1810, en treize ans, les preuves se soient bien accumulées... — Mais, lui dis-je, pour que votre système fût vrai, il faudrait que vous eussiez eu la preuve du contraire, c'est-à-dire que vous ayez observé quelques longévités dues à l'inertie de la pensée. — Bravo! cria le vieux médecin, vous y êtes! mais toute lésion dans les organes de la pensée d'où peut résulter son inertie entraîne la mort! il y a bien des questions de détail dans la question générale, hé, hé! Je n'ai pas été dans le nord de l'Europe vérifier par moi-même les conditions de l'existence des prodigieux centenaires dont on nous parle. Mais il y a eu plusieurs exemples de longévité surnaturelle. Ne croyez pas cependant que j'aie manqué de cette contre-preuve, je connais un homme né en 1696, sous Louis XIV... Je regardai le bonhomme en exprimant le doute et l'étonnement; sa divagation me parut toucher à la folie. — Vous ouvrez des yeux grands comme des gueules de four, reprit-il. Eh bien, oui cet homme a maintenant cent vingt-sept ans; mais il n'a jamais pensé! Après ces paroles, le bonhomme ne me dit plus rien sur ce sujet : l'esprit l'avait abandonné. Peut-être même cette conversation fut-elle la dernière lueur que devait jeter la lampe, car il mourut l'année suivante; et, comme me le dit mademoiselle Ducormier, il ne parlait pas deux fois par an d'une manière suivie. Après ce monologue, il m'entretint, de la façon de tailler les pêchers, demanda son dîner, me questionna sur des choses sans importance, comme eût fait un enfant; il voulut voir si ma montre était d'accord avec la sienne; enfin il retomba d'autant plus bas qu'il s'était élevé plus haut. J'avoue que cette singulière conversation me mit dans un état violent. En m'en allant le long de la Loire, je tirai les conséquences de ces faits, je pensai que si la pensée avait de tels pouvoirs, elle devait offrir aussi un immense point d'appui contre les douleurs corporelles, et je m'expliquais ainsi les miracles du diacre Pâris, les martyrs religieux, et Damien attirant trois fois à lui les chevaux que l'on fouettait pour l'écarteler. La pensée serait-elle donc une *force vive?* me disais-je. Puis, en jetant un coup d'œil par la fenêtre sur la société tout entière, j'aperçus bien d'autres martyrs. Mes réflexions me montraient un immense défaut dans les lois humaines, une lacune effroyable, celle des crimes purement moraux contre lesquels il n'existe aucune répression, qui ne laissent point de traces, insaisissables comme la pensée. J'aperçus d'innombrables victimes sans vengeances, je découvris ces horribles supplices infligés dans l'intérieur des familles, dans le plus profond secret, aux âmes douces par les âmes dures, supplices auxquels succombent tant d'innocentes créatures. Je pensai que l'assassin de grande route mené si pompeusement à l'échafaud n'était pas aux yeux du philosophe si coupable dans son égarement que bien des hommes qui donnent la question avec des mots poignans, qui, après avoir éprouvé, dans certaines âmes, les endroits que la noblesse, la religion, la grandeur rendent vulnérables, y enfoncent à tout moment leurs flèches...

THÉOPHILE. Ecoutez, *saints !*

PHYSIDOR. Je vis où frappait le chagrin, et les douleurs de l'âme, je pensai que Dieu.. ..

LE LIBRAIRE. Ah, cela se gâte.

PHYSIDOR. Tout à coup mes yeux se dessillèrent, j'aperçus un éternel sujet d'observation sociale dans ces luttes secrètes dont les effets sont si mal appréciés par le monde. Cette méditation produisit en moi d'étranges phénomènes. Pendant un instant, je crus être dans une grande plaine, à la nuit. Aux lueurs indécises des étoiles et de la lune, je voyais les ombres des malheureux à qui la vie avait été rendue odieuse par des tortures morales, se levant de leurs tombes et criant justice....

TSCHOERN. Et trouvant visage de bois, comme dans le fameux songe de Jean-Paul!

LE LIBRAIRE. Ah! ah! ah!

THÉOPHILE. Il est bien tard, adieu messieurs.

PHANTASMA. L'Irlandais a raison, il faut nous en aller. (*Il se lève.*)

RAPHAEL (*à Tschoërn*). Savez-vous que la morale de tout ceci est que nous sommes aussi bien immortels en vertu des théories spiritualistes, que par la force des analyses matérialistes.

TSCHOERN. Nous, nous! c'est-à-dire nos substances élémentaires! Puis, cela ne résout pas la question des curieux qui, de siècle en siècle, demandent où peuvent aller nos substances constitutives? Que ce soit une âme ou des gaz, il faut bien que cela serve à quelque chose!

GRODNINSKI (*sur la porte du café*). Il y avait une fois un vieux bélier qui se dressa sur les deux pieds de derrière pour mieux se faire entendre, en disant au milieu d'un des plus anciens troupeaux de moutons connus, ces belles paroles devenues la tradition sacrée de ces pauvres bêtes : « Mes frères, voyez quelle est la grandeur de nos destinées? N'avons-nous pas le plus bel avenir parmi les quadrupèdes, car enfin, nous allons faire partie de l'homme, et nous devenons ainsi d'immortelles intelligences! Sûrs de ne pas mourir, paissons donc avec courage, faisons-nous promptement gras, afin d'entrer plus vite dans la sphère de la lumière humaine où tout est joie et bonheur, où nous serons récompensés selon nos mérites. » Ce bélier passe encore pour un mouton divin chez les brebis dont la laine est sur vos épaules. Si ce mouton n'est qu'une bête, il faut que l'homme renonce au plus joli dada de son écurie philosophique.

(*Les étudians dans la rue de l'Odéon. Le premier :* — HEIN? *Le second :* — AH!)

FIN DU HUITIÈME ENTRETIEN.

TABLE DES MATIÈRES

CONTENUES DANS LE XIIe VOLUME.

La Messe de l'athée. 7
Les Deux Rêves. 69
Facino Cane 121
Les Martyrs ignorés. 169

ÉTUDES PHILOSOPHIQUES

Trente vol. in-12, publiés [illegible]

Prix [illegible]

[illegible]

Première Livraison [illegible]

[illegible] de C[illegible] [illegible] Inquisition[illegible] — [illegible] — Un D[illegible] [illegible]

Deuxième Livraison [illegible]

[illegible] — [illegible] — [illegible] — Louis Lambert. — [illegible]

Troisième Livraison, tomes 12, 13, 15, 16 et 17.

La Messe de l'Athée. — Les deux Rêves. — Facino Cane. — Les Martyrs ignorés. — Le Secret des Ruggieri. — L'Enfant maudit. — Une Passion dans le Désert. — L'Auberge rouge. — Le Chef-d'Œuvre inconnu.

SOUS PRESSE.

Quatrième Livraison, tomes [illegible] et [illegible].

[illegible] Pelletier [illegible]

Cinquième Livraison, tomes [illegible]

[illegible] de la L[illegible] d'Homme [illegible] ment de la ville de Paris.

Sixième Livraison, tomes 20, 21, 26, 27 et 30.

Aventures administratives d'une idée heureuse. — Le Chrétien. — La Comédie du Diable.

PARIS. DE BÉTHUNE ET PLON, RUE DE VAUGIRARD, 36.

www.ingramcontent.com/pod-product-compliance
Ingram Content Group UK Ltd.
Pitfield, Milton Keynes, MK11 3LW, UK
UKHW020111200726
13856UKWH00002B/487